Fno 기반 아두이노 실습
-Arduino With Fno ADK-

김우성, 박근덕, 최효선 공저

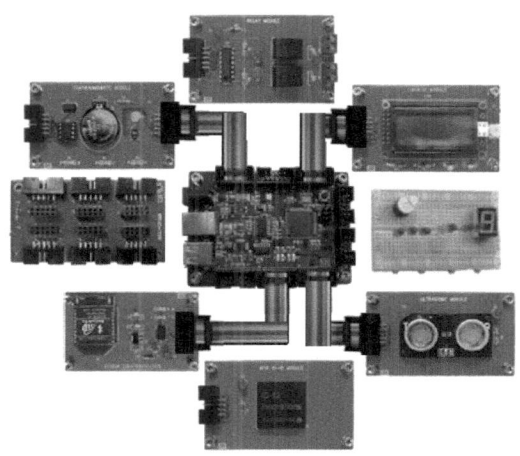

서 문

최근 Google의 Arduino를 이용한 여러 가지 장비들이 출시되고 있어 이를 이용한 활용기술의 습득이 요구되고 있습니다. 또한 마이크로프로세서 기반의 시스템 기술이 산업계 전반에서 활용되고 있어 대학교육 과정에서 마이크로프로세서 기술의 습득은 필수사항이 되었으며 창의공학설계등 대학생들의 작품 활동과정에서 마이크로프로세서나 아두이노를 이용한 작품개발이 일반화되고 있는 있습니다. 따라서 마이크로프로세서의 기본지식과 아두이노 기반의 응용기기의 실습장비와 교재가 필요함으로 인해서 본 교재를 출간하게 되었습니다. 기존 인터넷에 유통되고 있는 많은 종류의 Arduino 제품들은 부품의 형태로 제공이 되고 있어서 학교에서 정규 교과에 교재로 사용하기에는 많은 부분이 부족하고 아쉬운 점이 있어 이를 보완하였고, 실제 강의실에서 보다 편리하고 효율적으로 Arduino를 강의하고 또한 Android의 App.과 연동할 수 있는 패키지의 장비와 교재가 미약하나마 본 고재로 충족이 되었으면 하는 작은 바람을 갖습니다. 본 교재를 통해서 Mobile과 관련된 실습을 하고 더 나아가서는 New IT의 전반적인 이해와 창의공학 설계 등과 연계 된 교과목에도 넓게 쓰였으면 합니다. 본 교재는 이론 중심의 교재의 틀을 벗어나 실제 실습 위주의 프로그램을 바탕으로 집필을 하였습니다.

교재의 성격상 Arduino 부분과 sketch 프로그램에 대해서는 Arduino 공식 사이트인 http://Arduino.cc와 http://fdc.ne.kr 사이트를 참고하였으며 교재를 발간하는데 많은 자료를 제공하여주신 (주)에프디크리에이트에 깊은 감사를 드립니다.

2017년 3월
저자일동

F-NO 매뉴얼 목 차

01장 마이크로프로세서의 개요

1.1. 마이크로프로세서의 정의 ································· 12

1.2. 마이크로프로세서의 분류 ································· 16

1.3. 마이크로프로세서의 기본구조 ···························· 18

1.4. 메모리 ··· 28

1.5. 입출력 Port ·· 32

1.6. 명령 실행 과정 ·· 36

1.7. 인터럽트 ··· 39

02장 Arduino 실습 모듈 F-no

2.1. F-no ··· 46

03장 Arduino 프로그램 구성

3.1. 기본적인 Arduino 프로그램 구성 ···················· 66

04장 F-no 모듈 실습(기본편)

4.1 Arduino sketch 기초 ···················· 80

4.2 시리얼 통신 ···················· 85

4.3 LED 작동 프로그램 ···················· 89

4.4 온·습도 센서 모니터링 프로그램 ···················· 94

4.5 CHAR LCD 제어 프로그램 ···················· 99

4.6 조도 측정 프로그램 ···················· 104

4.7 7-Segment 카운팅 프로그림 ···················· 108

4.8 DC 모터 제어 프로그램 ···················· 113

4.9 PWM 모터 제어 프로그램 ···················· 117

4.10 릴레이 제어 프로그램 ···················· 122

4.11 초음파 센서를 활용한 거리측정 ···················· 126

4.12 Bluetooth 통신 ································· 130

4.13 RFID 응용 프로그램 ····························· 135

4.14 브래드 보드 활용 1 ····························· 140

4.15 브래드 보드 활용 2 ····························· 142

4.16 브래드 보드 활용 2-1 ··························· 145

4.17 브래드 보드 활용 2-2 ··························· 149

4.18 브래드 보드 활용 2-3 ··························· 153

4.19 인터럽트 ······································· 156

05장 F-no 모듈 실습(응용편)

5.1 LED와 디지털 스위치 연동 제어 프로그램 ············· 164

5.2 디지털 스위치를 사용한 모터 속도제어 프로그램 ········· 169

5.3 포텐셔 메터를 사용한 모터 속도제어 ················· 177

5.4 온도변화에 따른 온실내 온도 제어 프로그램 ··········· 182

5.5 실내 밝기에 따른 조명 제어 프로그램 ················ 188

5.6 초음파 센서와 LCD, Piezo를 활용한 프로그램 ·········· 194

5.7 스마트 폰을 활용한 LED 원격 제어 ·· 200

5.8 Twitter 통신 ··· 207

06장 F-no 활용 예제

6.1 스마트 폰을 이용한 모형 차량 제어(김홍철) ······························ 214

6.2 피아노 건반 앱을 이용한 음악연주 구현(앱센터) ······················ 221

07장 기초문법 1-제어문

7.1 If~Else 문 ·· 228

7.2 Else~if 문 ·· 230

7.3 Switch 문 ·· 232

7.4 순환문~while과 For ·· 235

7.5 Do~While 루프 ·· 240

7.6 Break와 Continue ·· 243

7.7 Goto와 Label ·· 245

08장 기초문법 2-자료형 /변수/상수/연산자/수식

8.1 변수 ··· 248

8.2 데이터 형과 크기 ······································· 249

8.3 상수(정수형,실수형) ·································· 251

8.4 상수(문자형) ·· 252

8.5 선언문 ·· 255

8.6 산술 연산자 ·· 257

8.7 관계 연산자 ·· 259

8.8 논리 연산자 ·· 261

8.9 증가 연산자와 감소 연산자 ····················· 263

8.10 비트 연산자 ··· 267

8.11 지정 연산자와 수식 ································· 275

8.12 조건 연산자 ··· 276

8.13 우선순위와 계산순서 ······························· 278

01장

마이크로프로세서의 개요

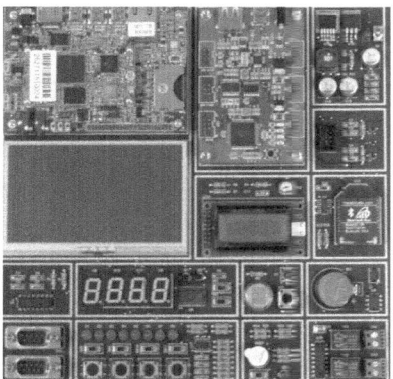

1.1 마이크로프로세서의 정의

가. 마이크로프로세서의 응용

현재 마이크로프로세서는 전기 전자 기계공업 등 사용이 되지 않는 분야가 없을 정도로 거의 모든 산업 분야에 활용되고 있습니다. 대부분의 제품이 아날로그에서 디지털로 바뀌고 있는 요즈음 디지털 시대의 주역(중추적인 역할)은 마이크로프로세서입니다. 마이크로프로세서를 이용해 시스템을 구성하면 시스템의 자동화, 소형화, 기능 변경이 가능하며 신뢰성 향상 등의 장점이 있습니다. 실제 응용이 되는 것을 보면 도트 프린터, 레이저 프린터 등과 같은 컴퓨터 주변기기도 마찬가지로 마이크로프로세서에 의해 작동이 되고 자동차, 공작기계 등 기계 공업 분야, 전화기, 전화교환기 등의 통신 분야, 세탁기, 선풍기 등의 가전 제품, 자동 판매기, 탁상용 계산기, 음악을 연주하는 키보드 등 현대 산업 사회에서 인간의 편리함을 제공하는 모든 기계의 내부 핵심 부품은 바로 마이크로프로세서라 할 수 있으며 응용 분야를 정리하면 아래와 같습니다.

- 계측기 : 계수기, 측정장비, 디지털 전압계, 오실로스코프, x선 해석기, 데이터 수집 시스템, 스펙트럼 분석기, 신호 합성기
- 통신 : 컴퓨터 통신망, 터미널, 암호기, 통신 제어 등
- 컴퓨터 : 중형 컴퓨터의 CPU, 입출력 제어기, 자성 카드 판도기, 플로터, 프린터, OCR
- 산업 : 데이터 감시 시스템, 공정 제어, 로보트 제어, 수치 기계 제어, 자동 제어기
- 사무용 : 서류 저장 및 추출 시스템, 복사기, 단말기기, 계산기
- 교통 : 신호등 제어, 기동 통신 시스템, 엔진 제어, 주차장 관리
- 항공/방산 : 자동 항공 시스템, 위성 통신 시스템, 영상 분석 시스템
- 기타 : 에어컨, 세탁기, 게임기, 사진기

결국 기계, 전기, 전자, 통신, 전산, 제어계측 등의 기술자들에게는 이 마이크로프로세서의 원리와 응용을 모르고는 이제 일을 할 수 없을 정도이며 모든 산업에 깊이 응용되고 있으며 따라서 마이크로프로세서를 모르던 유능한 엔지니어로써 성공할 수 없는 현실입니다.

나. 마이크로프로세서 용어의 정의

마이크로프로세서의 용어는 현재 마이크로컴퓨터, 마이크로 콘트롤러, CPU One Chip CPU, MPU 등 여러 용어가 혼재 되어 사용되고 있어 사용자의 용어 사용에 혼선을 가져와 용어의 정의가 필요하다. 따라서 다음과 같이 각각 정의를 내렸습니다.

1. 마이크로컴퓨터[microcomputer]

- 컴퓨터의 연산 처리부를 1개 또는 수 개의 대규모집적회로(LSI)로 구성한 마이크로프로세서에 기억장치 및 주변장치와의 인터페이스 회로 등을 붙인 보드에 탑재한 극소형 컴퓨터
- 마이컴이라고 약칭하여 부르기도 합니다. 1971년 인텔사(社)가 일본의 컴퓨터 회사의 발주에 따라 세계 최초의 마이크로컴퓨터를 개발한 이래 프로그램에 따라 각종 용도에 적용할 수 있는 범용의 전자부품으로 용도가 확대되었습니다. 대규모집적회로 기술의 진보로 비약적으로 발전하여 여러 산업분야에 컴퓨터가 응용되는 결정적인 계기를 이루었습니다.

2. 마이크로프로세서[microprocessor]

- 컴퓨터의 연산장치와 제어장치를 1개의 작은 실리콘 칩에 집적시킨 처리장치
- 연산을 미리 확립된 순서에 의해 체계적으로 실행할 뿐만 아니라 컴퓨터의 각 장치에 제어 신호를 제공하는 제어장치를 1개의 작은 실리콘 칩에 집적시킨 초대규모집적회로로 이루어진 처리장치입니다. 내부는 산술논리 연산기, 레지스터, 프로그램 카운터, 명령 디코더, 제어회로 등으로 구성되어

있습니다. 마이크로프로세서는 주기억장치에 저장되어 있는 명령어를 인출하여 해독하고, 해독된 명령어를 실행하며 실행결과를 다시 주기억장치에 저장할 수 있는 기능 등을 자동으로 수행함과 동시에 입출력 장치들과도 데이터 교환을 수행합니다.

3. 중앙처리장치[CPU : Central Processing Unit]
- 명령어의 해석과 자료의 연산, 비교 등의 처리를 제어하는 컴퓨터 시스템의 핵심적인 장치
- 컴퓨터 시스템 전체를 제어하는 장치로서, 다양한 입력장치로부터 자료를 받아서 처리한 후 그 결과를 출력장치로 보내는 일련의 과정을 제어하고 조정하는 일을 수행합니다. 모든 컴퓨터의 작동과정이 중앙처리장치의 제어를 받기 때문에 컴퓨터의 두뇌에 해당합니다.
- 중대형 컴퓨터에서는 이를 중앙처리장치라 하지만, 소형 컴퓨터에서는 때로 마이크로프로세서 또는 줄여서 그냥 프로세서라 부르기도 하는데, 명칭만 다를 뿐 기본적으로 동일한 기능을 수행합니다.
- 중앙처리장치는 비교, 판단, 연산을 담당하는 논리연산장치(arithmetic logic unit)와 명령어의 해석과 실행을 담당하는 제어장치(control unit)로 구성됩니다. 논리연산장치(ALU)는 각종 덧셈을 수행하고 결과를 수행하는 가산기(adder)와 산술과 논리연산의 결과를 일시적으로 기억하는 레지스터인 누산기(accumulator), 중앙처리장치에 있는 일종의 임시 기억장치인 레지스터(register) 등으로 구성되어 있습니다.
- 제어장치는 프로그램의 수행 순서를 제어하는 프로그램 계수기(program counter), 현재 수행 중인 명령어의 내용을 임시 기억하는 명령 레지스터(instruction register), 명령 레지스터에 수록된 명령을 해독하여 수행될 장치에 제어신호를 보내는 명령해독기(instruction decoder)로 이루어져 있습니다.

4. 마이크로콘트롤러[microcontroller]
- 마이크로프로세서 중에는 1개의 칩내에 CPU 기능은 물론이고 일정한 용량

의 메모리와 입출력 제어 회로까지를 내장한 것도 있습니다. 이를 마이크로콘트롤러라고 부릅니다.

- 이것을 이용하면 최소의 부품으로 매우 간단하게 컴퓨터를 구성할 수 있으므로 시스템의 단순화 및 저가격화에 절대적으로 유리합니다.
- 이러한 소자는 그 자체로서 완전한 하나의 컴퓨터 기능을 갖추므로 "단일 칩 마이크로컴퓨터"라고 구별하여 부릅니다.

5. 초소형 연산처리장치[MPU : Micro Processing Unit]

- 중앙처리장치(CPU)와 거의 같은 의미로 사용됩니다. 예전에는 CPU가 여러 개의 소자로 구성되어 있어 다른 말이었으나 지금과 같이 1개가 CPU의 역할을 모두 맡게 된 이상 CPU와 MPU의 구분이 거의 필요 없는 말이 되었습니다. 하지만 전통적으로 68계열은 MPU, 80계열은 CPU라고 호칭하듯이 마이크로프로세서와 같은 의미로 사용됩니다.

다. 마이크로프로세서의 정의

- 마이크로컴퓨터의 일반적인 구조는 그림 1.1과 같이 CPU(Central Processing Unit)를 중심으로 해서 기억장치(Memory)와 입출력 장치(I/O Device)로 구성되어 있습니다.
- 마이크로컴퓨터의 CPU는 마이크로프로세서라고도 불리며 메모리에 저장된 프로그램이나 데이터를 읽어와서 필요한 명령을 수행하는 기능을 합니다.
- 마이크로프로세서에서의 명령은 연산에 필요한 데이터를 메모리나 외부 장치로부터 입력하여 연산을 수행하고 연산 결과를 메모리에 저장하거나 출력 기로의 데이터 전송 및 모터 등의 외부 장치에 적절한 제어 신호를 보냅니다. 또한 기계 등의 외부 상황을 스위치나 센서 등의 감시 장치를 이용하여 파악하는 등 응용 분야에 필요한 일련의 동작을 의미하며 이런 동작의 제어는 중앙처리장치의 제어부에서 담당하며 연산은 연산부에서 수행합니다.

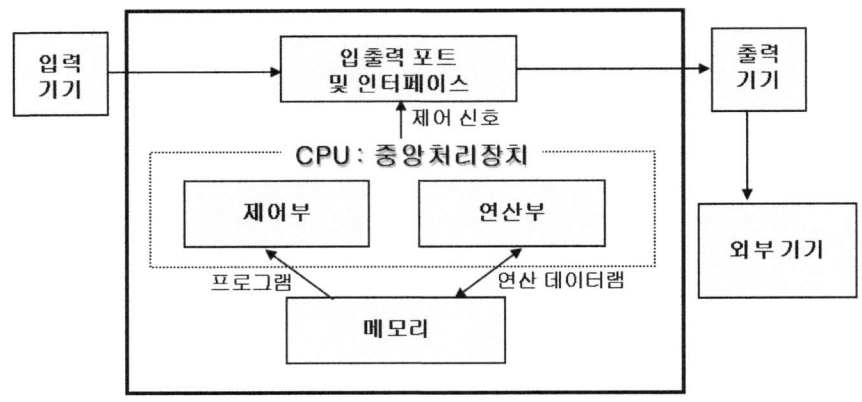

그림 1.1 마이크로컴퓨터의 구성

- 여기서 메모리는 과제 수행을 위해 작성된 프로그램이나 프로그램 수행 시 필요한 데이터를 일시 저장하는 반도체 기억소자로 구성됩니다.
- 마이크로컴퓨터에서는 모든 신호는 1 또는 0의 2개의 신호로 전달되고, 모든 연산도 2진수로 행하여지며, 모든 데이터의 전송도 2진수로 이루어집니다.
- 마이크로프로세서가 등장했던 초기에는 비교적 복잡한 논리회로의 기능을 대신하는 등의 주로 특정한 제어 목적용으로 사용되었습니다. 그러나 현재는 마이크로프로세서의 고속화 등으로 인해 데이터 처리용이나 범용 개인용 컴퓨터 등에도 많이 이용되고 있습니다. 특히 현재 가장 많이 사용되고 있는 16비트 마이크로프로세서는 그 처리속도가 빠르고 고도의 소프트웨어 기법 등을 사용할 수 있는 점으로 해서 어느 면에서는 기존의 16비트 소형 컴퓨터에 버금가는 능력을 가지고 있습니다.

1.2 마이크로프로세서의 분류

반도체 기술은 지난 20여 년 동안 실로 혁명적이라 말할 수 있을 정도로 발전하여 현재는 대규모 집적회로(LSI)와 초대규모 집적회로(VLSI)의 집적도는 1개의 작은 실리콘 칩에 500만 개 이상의 트랜지스터를 집적할 수 있습니다. 반도체 집적 기술의 이와 같은 발달로 컴퓨터 시스템의 크기가 작아졌을 뿐만 아니라 시스템의 신뢰도와 동작 속도가 크게 개선되었고 전력소비도 많이 줄었으며 가격 또한 매우 저렴해졌습니다. 종류도 기하급수적으로 발전하고 있습니다. 또한 여러 반도체 회사에서 앞을 다투어 개발하고 있어 성능이 우수하면서 가격이 매우 저렴한 마이크로프로세서가 많이 나와 있습니다.

컴퓨터의 기본적인 차이는 중앙처리장치인 마이크로프로세서의 처리 능력이 따라 구분됩니다. CPU의 내부 또는 외부와 데이터나 제어신호 등을 주고받을 수 있는 통로를 버스(bus)라고 하는데 등시에 옮겨 갈 수 있는 비트 수에 따라 3bit 16bit, 32bit, 64bit 등으로 구분됩니다. 일반적으로 말하는 펜티엄 컴퓨터는 내부 버스의 크기가 64bit인 컴퓨터입니다. 한 번에 처리할 수 있는 데이터의 폭에 따라 마이크로프로세서 대표 회사별로 다음과 같이 CPU를 구분합니다.

```
Intel사
    -  8bit  : 8080, 8085
    -  16bit : 8086, 8088, 80286
    -  32bit : 80386
    -  64bit : Pentium
Zilog사
    -  8bit  : z80
    -  16bit : z8000, 8088
    -  32bit : z80000
Motorola사
    -  8bit  : MC6800, 6809
    -  16bit : 68000
    -  32bit : 68020
```

비트 수 외에 마이크로프로세서를 비교 구분할 수 있는 방법은 다음과 같습니다.

데이터 처리능력(비트 수)
외부 메모리의 크기
기능 블럭의 집적도
구조의 진보성
MIPS(Million Instruction Per Second)
명령어 종류의 다양성, 효율성

1.3 마이크로프로세서의 기본구조

가. CPU

1. 기능

- 메모리(ROM)로부터 다음에 수행해야 할 명령어의 번지를 보냅니다.
- 메모리로부터 명령어를 인출해 와서(instruction fetch), 어떠한 작용을 할 지를 결정합니다.
- 명령어 수행에 필요한 데이터가 있으면 기억장치(RAM)나 입력장치로부터 읽어옵니다.
- 명령어를 수행합니다.
- CPU 외부에서 전달되는 신호, 인터럽트(interrupt)나 DMA 요청 등을 처리하고, 명령어 수행과정에서 요구되는 각종 신호를 CPU 내부나 외부로 보냅니다.

2. 일반구조

마이크로컴퓨터의 CPU의 구성은 그 종류에 따라 상당한 차이가 있지만 기본적인 구성은 그림 1.2와 같습니다. 마이크로컴퓨터는 기본적으로 마이크로프로세서와 메모리 그리고 입출력 포트로 구성되어 있으며 서로 간에는 버스로 연결되어 있어 버스를 통해 데이터를 주고받습니다. 마이크로프로세서 내부에는 모두 공통적으로 데이터의 산술연산과 논리연산을 수행하는 회로인 ALU (Arithmetic Logic Unit: 산술논리 연산장치)와 일시적으로 데이터를 기억하고 처리하기 위한 몇 개의 레지스터(general purpose register)들과 그밖이 특수 용도의 레지스터(special purpose register)들 및 CPU 제어회로와 버스 제어회로 등으로 되어있습니다.

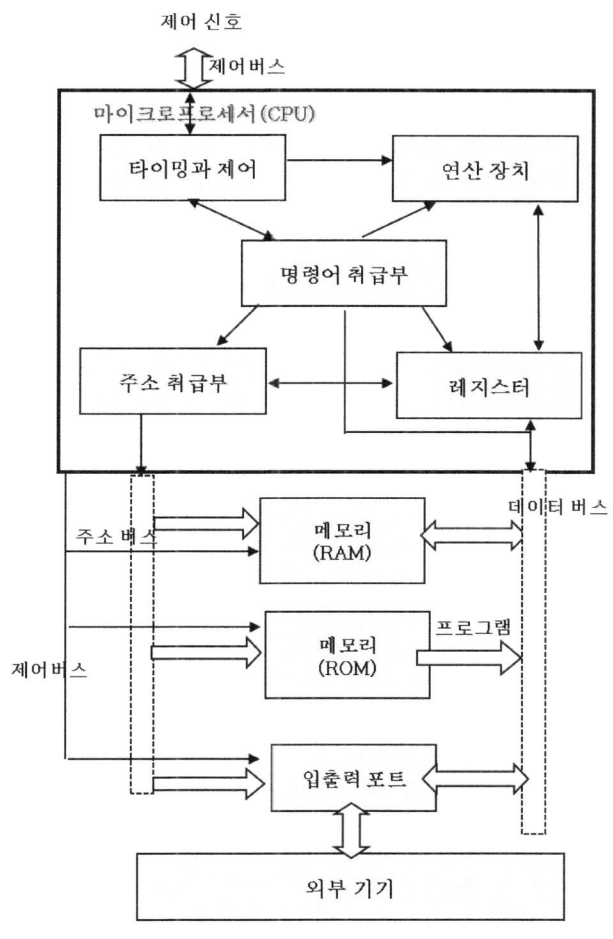

그림 1.2 마이크로컴퓨터의 구성

여기서 누산기는 대표적인 범용 레지스터로 ALU의 연산 결과가 일단 저장되는 경우가 많습니다. CPU 제어회로는 인스트럭션 레지스터(instruction register)의 명령어를 해독하여 CPU의 동작을 제어하기 위한 각종 신호를 발생합니다.

버스 제어회로는 CPU의 내부 데이터 버스와 외부의 버스선을 연결해 주는 역할을 합니다. 마이크로프로세서의 각 구성 요소에 대해서 다음과 같이 정리합니다.

나. BUS선

마이크로프로세서와 메모리 또는 마이크로프로세서와 입출력 장치의 연결은 그림 1.2와 같이 버스로 이루어집니다. 마이크로컴퓨터의 CPU에서는 8비트 CPU의 경우 8개의 데이터 선과 주소선을 이들 선이 필요한 여러 메모리와 입출력 장치에 독립적으로 연결할 경우 시스템은 매우 복잡해 집니다. 이때 버스선을 사용하여 CPU로부터 나오는 데이터 선과 주소선을 공통으로 사용하면 이러한 문제를 해결할 수 있습니다. 즉 마이크로컴퓨터의 메모리는 여러 메모리가 버스선에 연결되는 경우가 많은데, 이때 현재 출력상태에 있지 않은 메모리는 고임피던스 상태에 있도록 하여 부하로 작용되지 않도록 하고 CPU는 항상 클럭에 의해서 동기되어 동작하므로 이와 같이 버스선을 통해서 데이터를 쉽게 주고 받을 수 있습니다.

1. 데이터 버스

메모리나 I/O Port는 메모리나 I/O의 내용을 이 버스를 통해 CPU로 보내거나 CPU가 메모리나 I/O로 이 버스를 통해 데이터를 보냅니다. 따라서 데이터 버스는 양방향성입니다. 이때 데이터 버스선은 데이터 분해능을 나타냅니다. 즉 마이크로프로세서는 2진수 체계로 운영되기 때문에 버스선 하나의 신호는 0아니면 1의 신호를 전달하므로 버스선 하나의 전달할 수 있는 데이터 경우의 수는 2입니다. 따라서 버스선의 수를 늘리면 데이터 경우의 수도 늘어납니다. 예를 들어 버스선이 2이면 [00], [01], [10], [11]의 0에서 3까지의 4가지 2진수 데이터를 표현할 수 있고, 데이터 버스선이 3이면 [000], [001], [010], [011], [100], [101], [110], [111]의 0에서 7까지의 8가지 2진수 데이터를 표현할 수 있습니다. 즉 버스선 수가 n개이면 아래 식과 같이 2^n 승으로 데이터 경우의 수를 늘릴 수 있습니다. 이때 데이터 버스선 수를 bit로 나타낼 수 있으며, 8개의 버스선 수의 경우 8bit 데이터 버스선을 가지고 있다고 표현하며 0부터 255 까지 256의 데이터 경우의 수를 표현할 수 있는 분해능을 가지고 있다고 말할 수 있습니다.

$$표현 가능한 데이터 경우의 수 = 2^n, \quad n : 데이터 버스 선 수$$

2. 주소 버스

우체부가 편지를 어느 집에 배달할 지의 결정은 보낼 편지의 주소를 보고 결정 합니다. 즉 각각의 집에는 고유의 주소가 할당되어 있어 주소를 기준으로 우편 물의 전달을 구분합니다. 마찬가지로 메모리나 입출력 장치에 데이터를 전달할 때 각각의 메모리나 입출력에 할당된 주소를 기준으로 데이터를 주고 받고 이 주소를 결정하는 역할을 주소 버스선이 담당합니다. 만약 주소 버스선이 없으 면 어떻게 될까요? 그러면 앞서 이야기한 것처럼 데이터 버스선이 각 메모리 주소마다 독립적으로 연결돼야 하므로 데이터 버스선의 수가 많아져 시스템이 굉장히 복잡해 질 것입니다. 즉 그림 1.3(a)와 같이 각 메모리 공간마다 데이터 버스선이 필요합니다. 그러나 데이터 버스선을 공통으로 하고 주소 버스선을 이용한다면 데이터 버스선을 각 메모리마다 독립적으로 연결할 필요는 없습니 다. 그림 1.3(b)는 주소 버스선이 1인 경우의 버스 연결도로 주소 버스선이 1이 므로 할당할 수 있는 메모리 주소는 0번지, 1번지의 2개로 데이터를 저장할 수 있는 메모리 공간은 2개 밖에 사용하지 못합니다. 그러나 그림 1.3(c)와 같이 주소 버스선이 2이면 주소는 0, 1, 2, 3번지의 4개의 공간으로 늘어나고 주소 버스선을 더욱 늘리면 데이터를 저장할 수 있는 공간은 버스선 수가 n개기면 2n 승으로 늘릴 수 있습니다. 주소 버스선은 데이터를 주고 받을 수 있는 공 간, 즉 데이터의 용량에 해당하며 8개의 주소 버스선(8bit 주소 버스선)인 경우 데이터 버스선이 8bit(1 byte)이면 이 마이크로프로세서의 메모리 공간은 최대 256byte 용량이라고 합니다. 입출력 장치도 메모리와 마찬가지로 주소에 의해 할당되고 입출력 장치의 수도 주소 버스선의 수에 의해 결정됩니다.

정리하면 CPU는 명령어 수행에 필요한 데이터의 메모리 주소나 I/O 주소, 수행 후 결과 데이터를 저장시킬 메모리 주소나 I/O 주소를 이 주소 버스를 사용하여 메모리나 I/O로 보내며 데이터 버스가 양방향성인 반면 이 주소 버스는 기능 특성 상 단일방향성입니다.

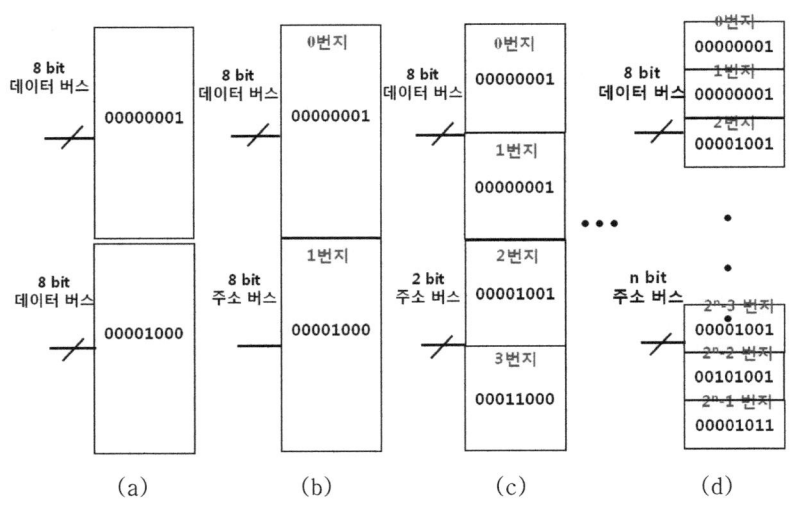

그림 1.3 주소 버스선의 개념

3. 제어 버스

CPU와 메모리 또는 CPU와 I/O 간의 데이터 전송을 원활히 하기 위해 CPU는 제어 신호를 전달합니다. 각 제어 신호마다 line이 필요하며 대표적인 제어신호로는 다음과 같은 것이 있습니다.

- /RD : CPU가 메모리 또는 I/O로부터 데이터를 읽어올 때 발생합니다.
- /WR : CPU가 메모리 또는 I/O로부터 데이터를 쓸 때 발생합니다. /RD와 /WR 신호는 CPU 종류에 따라 각각 별개의 pin으로 발생할 수도 있고 하나의 pin에 RD/WR 신호로 발생할 수도 있습니다.
- MEM : CPU가 메모리를 Access할 때 발생하는 신호로 이름은 CPU마다 틀립니다.
- IO : CPU가 외부 I/O를 Access할 때 발생하는 신호로 이름은 CPU마다 틀리며 발생하지 않는 CPU도 있습니다.
- DS, PS : CPU가 메모리를 Access할 때 데이터용과 프로그램용 메모리를 구

분하여 Access하기위해 각각 별도의 pin으로 구분하여 발생하는 신호로 특히 DSP에 사용되고 있습니다.

• READY 등

4. CPU 외부신호

CPU의 외부에는 CPU의 각종 기능을 수행하기 위한 여러 신호들이 나와 있습니다. 이들 신호들의 종류에는 다음과 같습니다.

• 메모리나 입출력 장치들의 주소를 선택하는 주소 버스선 : A0~A15
• 메모리나 입출력 장치들과 데이터를 주고받기 위한 데이터 버스선 : D0~D15
• 메모리 읽기와 쓰기 동작을 결정하기 위한 read/write 신호 : /RD, /WR
• 메모리와 입출력 장치를 구별해서 선택하기 위한 memory I/O 신호 : MEM, I/O 등
• 인터럽트를 위한 신호 : INT 요구, 응답 신호
• CPU 내부의 제어와 동기를 위한 클럭 신호
• 그 밖의 제어 신호들

이상의 신호의 명칭은 CPU의 종류에 따라 조금씩 다르나 그 기능은 유사합니다. 여기서 신호는 CPU에서 메모리나 입출력 장치로 나가기만 하는 신호르 단방향성인데 반해 데이터 버스 신호는 메모리나 입출력 장치와 데이터를 읽거나 쓰기 위한 것이므로 양방향성이라 합니다.

다. 레지스터

레지스터는 메모리와 구별되는 다이크로프로세서 내부에 있는 일종의 작은 기억장치로 볼 수 있습니다.

1. 프로그램 카운터(Program Counter: PC)

PC는 다음에 수행해야 할 명령어가 저장되어 있는 프로그램 메모리(ROM)의 주소를 가지고 있는 기억장치로 CPU의 제어부는 PC의 내용이 지정하는 주소

의 메모리로부터 명령어를 가져와서 명령어 레지스터로 옮깁니다. 프로그램 메모리로부터 데이터를 읽어오면 프로그램 카운터 값은 자동으로 1 증가하여 다음 번 메모리 주소를 가리킵니다.

2. 명령어 레지스터(IR : Instruction Register)

명령어가 수행이 끝날 때까지 명령어를 일시적으로 저장하고 있는 기억장치로 메모리에서 읽어온 명령어를 저장하여 이 명령어가 CPU 내부에서 해독되어 실행 되도록 합니다.

3. 누산기(Accumulator)

연산 과정 중에 발생하는 데이터를 임시로 보관하기 위해 주로 사용하는 기억장치입니다.

4. 범용 레지스터

CPU 내부의 범용 레지스터는 프로그램 수행 도중 각종 데이터나 메모리 주소를 일시적으로 보관하는 기억 장소로 사용되며 CPU 내에 다수가 존재하고 그 종류와 숫자는 CPU에 따라 크게 다릅니다. Intel 8080,8085나 Z80 등의 경우 A, B, C, D, E, H, L 등의 레지스터가 있으며 이중 A 레지스터는 대개 누산기로 사용되고 T.I사의 DSP 등의 일부 CPU의 경우는 범용 레지스터가 없고, 보조 레지스터가 메모리 주소를 보관하는 장소로 이용되고 있습니다.

5. 인덱스 레지스터

메모리의 주소를 지시하기 위해 사용되는 기억장치로 이 레지스터는 데이터가 메모리에 테이블 형식으로 저장되어 있을 때 이들 데이터를 지시하는데 편리하게 사용됩니다. CPU에 따라서는 범용 레지스터를 두개 묶어서 인덱스 레지스터 역할을 하는 것도 있고 인덱스 레지스터가 없는 경우도 있습니다.

6. 상태 레지스터

CPU 내에서 각종 연산 결과의 상태를 표시하고 저장하는 레지스터로 레지스터의 각 비트는 플래그(flag)라고 불리며 특정한 조건이나 상황을 기록하고 있습니다. 흔히 사용하는 대표적인 플래그들을 보면 표 1.1과 같으며 이와 같은 정보는 프로그램 수행 중에 행하는 연산에 있어서 매우 중요합니다.

표 1.1 상태 레지스터

플래그	기능
제로(zero)	연산의 결과가 0인 경우 1로 set된다.
캐리(carry)	연산 결과 가장 높은 비트(MSB)에서 캐리(올림수)가 발생한 경우 1로 set된다
사인(sign)	연산 결과 MSB가 1인 경우 set된다.(부호가 바뀔 경우)
패리티(Parity)	연산 결과 '1'의 값을 갖는 비트의 개수가 짝수이냐, 홀수이냐에 따라 set되거나 reset된다.
Overflow 플래그	범람의 발생

7. 스택 포인터(SP : Stack point)

스택 포인터는 일종의 인덱스 레지스터로써 스택이라고 불리는 메모리의의 일정 구간에 데이터를 쓰거나 읽기 위해 주소를 지시하는 레지스터로 스택은 RAM의 어느 부분에 설정합니다. 스택은 보통 FILO(First-In Last-Out)라 불리는 구조로 되어 있어 스택에 데이터를 저장할 경우 나중에 저장한 데이터부터 차례로 읽어내게 됩니다. 스택의 사용은 프로그램에서 서브루틴을 사용하거나 외부장치로부터의 인터럽트 요구를 처리할 때에 꼭 필요한 것으로 마이크로 컴퓨터의 사용에서 매우 중요한 위치를 차지합니다. 프로그램 내에서 서브루틴을 호출할 경우 서브루틴 호출 명령어 바로 다음번에 있는 명령어의 메모리 주소를 스택에 일시 저장한 후 서브루틴 프로그램으로 점프합니다. 서브루틴 프로그램 수행 후 원래 프로그램으로 복귀할 때는 스택에 저장했던 다음번 명령어의 시작 주소를 불러내어 그 번지부터 수행을 계속합니다. 일반적으로 서브루틴을 호출하는 명령어는 CALL이며 명령어에 의해서 복귀 주소의 스택 저장 동작이 자동으로 이루어집니다. 인터럽트의 경우에도 서브루틴의 호출의 경우와 유사한 방법으로 복귀 주소가 자동으로 스택에 저장됩니다. 스택은 사용자가 원하는 경우 언제든지 데이터를 일시 저장하는 데 사용될 수 있으며 일반적으로 PUSH와 POP 명령이 이러한 목적에 사용됩니다. 스택에 데이터를 저장할 때는 명령어 PUSH가 사용되며 스택에서 데이터를 읽어 낼 경우는 명령어 POP가 사용됩니다.

스택의 동작원리를 보이면 그림 1.4와 같습니다. 초기에 메모리 1000번지에 10이 들어 있고 이때 SP는 1000-1=999번지를 갖고 있습니다. PUSH A를 수행하면, A 레지스터의 내용 35가 999번지에 기록되고, SP는 998이 됩니다. POP C를 수행하면, 스택의 최상에 있는 내용 35가 레지스터 C로 옮겨지고 SP는 999가 됩니다.

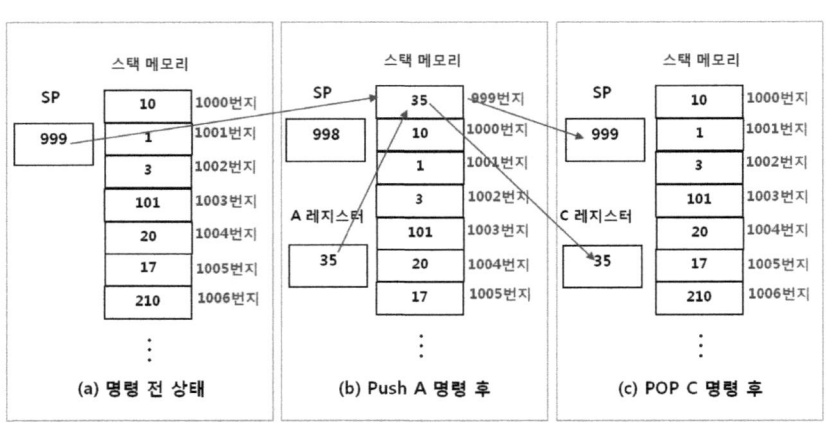

그림 1.4 스택 동작

8. 그 외 레지스터

위 레지스터 외에 메모리의 주소를 저장하는 주소 레지스터 메모리로부터 가져온 값을 임시 저장하는 데이터 레지스터 등이 있으나 일반적으로 모든 CPU에 꼭 있는 레지스터가 아닙니다. 또한 범용 레지스터에 대응해서 프로그램 카운터, 인스트럭션 레지스터, 인덱스 레지스터, 플래그 레지스터와 스택 포인터를 특수 레지스터라고 합니다.

라. 연산장치(ALU)

ALU는 메모리에서 CPU로 읽어온 데이터에 대해서 산술연산을 하거나 논리연산을 하는 장치로 이때 ALU의 연산결과는 보통 누산기(Accumulator)에 저장되고 ALU의 한쪽 입력 데이터도 누산기에 들어오는 경우가 많습니다. ALU와 누산기의 연결은 그림 1.5와 같습니다.

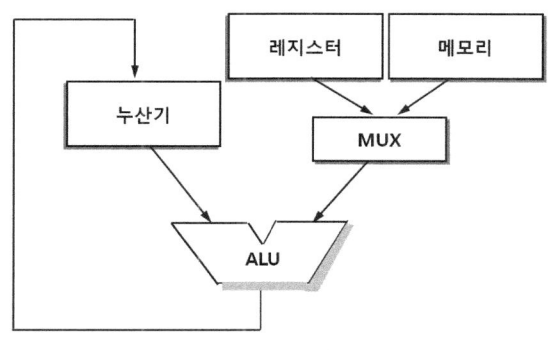

그림 1.5 ALU의 구성

누산기의 데이터와 레지스터 및 메모리의 데이터가 각각 ALU에 입력되어 계산된 후 그 결과가 다시 누산기에 저장됩니다. ALU가 수행하는 산술연산과 논리연산은 다음과 같습니다.
- 두 수의 가감산
- 누산기 수의 1의 증가와 감소
- 두 데이터의 AND
- 두 데이터의 OR
- 두 데이터의 XOR
- 두 데이터의 비교 등

1.4 메모리

메모리는 프로그램이나 데이터를 저장하기 위한 기억장치로써 그 기능에 따라 크게 ROM과 RAM으로 구분됩니다.

가. ROM(Read Only Memory)

ROM은 그 내용을 읽기만 하고 다른 내용을 쓸 수 없는 메모리로 저장된 정보는 시스템에 의하여 내용이 변하지 않습니다. 따라서 ROM은 제작될 때 프로그램이 일단 저장되면 전원이 OFF되어도 변화하지 않으므로(non-volatile) 그 내용을 바꿀 수 없어 마이크로컴퓨터에서 ROM은 전원이 ON된 후 자동적으로 특정한 순서의 동작을 수행시킬 목적의 고정된 프로그램이나 그 값이 미리 고정되어 있는 데이터(예를 들어 상수나 look-up table 등)를 저장하는 데 사용합니다. ROM의 종류에는 마스크 ROM, PROM(Programmable ROM), EPROM (Erasable PROM), EEROM(Electrical Erasable PROM) 등이 있습니다.

1. Mask ROM

값이 싸고 제조 과정에서 내용이 기록됩니다. 즉 ROM의 데이터를 제조회사에서 써 넣습니다. 기록된 내용은 사용자가 수정할 수 없고 전원이 가해지지 않아도 내용이 변함없이 유지되므로 비휘발성(nonvolatile)이라고 합니다. 시스템의 개발이 완료된 경우에 EPROM을 사용하면 제조단가의 상승요인이 됩니다. 생산량이 많으면 반도체 제조회사에 ROM의 종류 및 데이터를 확정하여 주문 생산합니다.

2. PROM

ROM 중에서 정상 동작은 Mask ROM과 특성이 같으나 특별한 전기적 상황을 만들어 주면 내용을 변경시킬 수 있어 사용자가 프로그램 되어 있지 않은 것을 구입한 뒤 자기 자신의 프로그램을 특정한 ROM write에 의해 적어 넣는 방식의 ROM이 있으며 이러한 ROM을 PROM이라 합니다. 따라서 사용자가 구입

후 원하는 내용을 프로그래밍 할 수 있습니다. 그림 1.6에 인텔사의 PROM인 2716의 pin 배치도를 나타내었습니다.

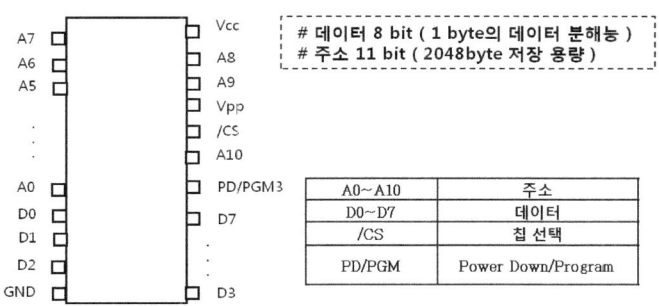

그림 1.6 PROM 2716

3. EPROM

PROM 중에서도 일단 사용자가 자신의 프로그램을 써넣고 나면 그 내용이 영구적으로 고정되는 것과 일단 써넣은 프로그램을 자외선 등을 일정시간 쪼이거나 전기적인 조작에 의해서 그 내용을 지울 수 있는 것의 2 종류가 있습니다. 이때 일단 써 넣은 프로그램을 다시 지워서 재사용 할 수 있는 PROM을 EPROM이라 합니다. 이 ROM은 사용자가 데이터를 지우기 위해 ROM에 투명한 유리창(window) 이 있는 것이 특징이고 EPROM에서 이미 써넣은 프로그램을 지우기 위해서는 특정한 EPROM eraser를 사용해야 합니다. ROM에 프로그램을 쓰는 방법은 ROM의 특정 번지와 특정 데이터를 고정시키고 약 50msec 동안 높은 전압(ROM의 종류에 따라 12v에서 24V)을 공급 하면 특정 번지에 데이터가 써집니다. 이 과정을 ROM의 모든 번지에 계속 적용한 것이 ROM에 데이터를 써넣는 과정입니다. ROM에 데이터를 지우기 위해서는 ROM의 중간 부분에 있는 투명한 유리창에 자외선을 약 30분 정도 투사하면 지워집니다. 데이터를 지우는 것은 ROM의 모든 번지의 데이터가 논리 1이 됩니다. EPROM은 프로그램의 변경이 빈번할 때, 소량 생산, 시스템의 개발실 등에서 사용됩니다.

4. EEPROM(E2PROM : Electrical erasable PROM)

EEPROM은 EPROM과 같은 방법으로 ROM에 데이터를 입력할 수 있습니다. ROM의 데이터를 지울 때는 EPROM에 사용되는 자외선이 필요 없고 전기적으로 데이터를 지울 수 있는 것이 EPROM과 비교하면 큰 차이점입니다.

5. ROM의 기본 구조

ROM의 외부 신호는 주소를 선택하기 위한 주소 버스선(address line)과 메모리 내용을 외부로 출력하는 데이터 버스선(data line) 및 ROM의 동작을 active 시키는 chip enable(/CE) 신호와 /RD 신호 등이 있습니다.

> ROM의 용량
> 예를 들어 1024*8bit(1K byte)의 용량을 가진 ROM인 경우
> Address line이 10개 필요하며(2^10=1024), Data line은 8개 필요하다.

chip enable 신호는 하나의 컴퓨터 시스템에서 여러 개의 ROM, RAM, I/O 등 여러 개의 외부 장치를 사용할 때 특정한 ROM을 선택하여 동작 시킬 때 사용합니다. 즉 chip enable 신호가 LOW 상태일 때만 ROM이 동작하므로 여러 개의 외부 장치 중에서 어느 하나의 ROM의 데이터만 읽을 수 있는 것입니다.

나. RAM(Random Acess Memory)

RAM은 사용자가 자유로이 그 내용을 읽거나 쓸 수 있는 일시적인 정보를 저장하고 읽고 쓰는 것이 모두 가능한 메모리로 RAM은 전원을 끄면 그 내용이 지워지는 휘발성(volatile)며 따라서 마이크로컴퓨터 시스템에서 RAM은 프로그램 수행 중에 값이 변화하는 데이터나 일반 데이터의 일시 저장을 위해 사용되고 내용을 변경시킬 필요가 있는 프로그램의 저장에도 사용됩니다.

RAM에 필요한 외부 신호는 address line, data line과 chip enable 신호 및 데이터의 read나 write 동작을 선택하기 위한 read/write 제어 신호 등이 있으며 종류는 크게 정적 RAM(Static RAM)과 동적 RAM(Dynamic RAM)으로 분류할 수 있습니다. 동적 RAM의 셀은 FET 축전지로 이루어져 있고, 이 FET 축

전지는 자주 재충전을 해주어야 하므로 동적 RAM이라고 합니다.

다. 메모리 시스템 구성

간단한 메모리 시스템의 구성 예를 그림 1.7에 나타내었습니다.

메모리 Access 동작을 CPU와 메모리와의 상호 작용의 예로서 버스를 사용하여 데이터를 메모리에 쓰는 사이클을 살펴보면 다음과 같습니다.

- 단계 1 : CPU는 쓰고자 하는 번지를 주소 버스에 싣습니다.
- 단계 2 : CPU는 데이터를 데이터 버스에 싣습니다.
- 단계 3 : CPU가 메모리로 메모리 쓰기 펄스를 제어 버스를 통하여 전달합니다. 메모리는 이 펄스가 도달하면 해당 주소에 데이터 버스의 데이터를 기록합니다.
- 단계 4 : CPU는 메모리가 데이터를 완전히 기록될 때까지 기다립니다(메모리 속도가 중요, 빠른 CPU에는 빠른 메모리 가 필요).

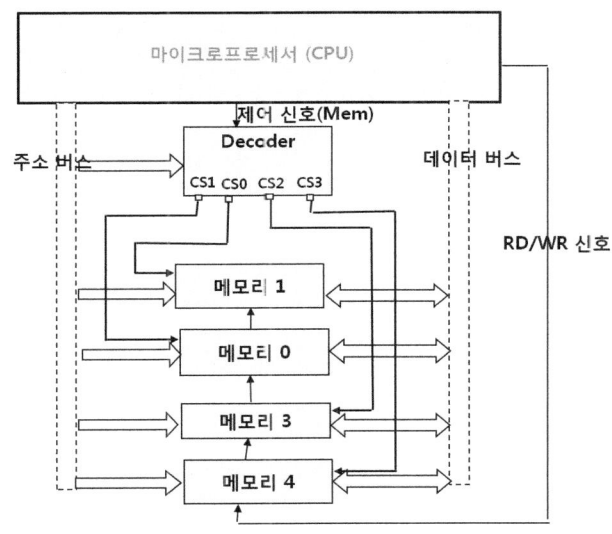

그림 1.7 메모리 시스템의 구성 예

1.5 입출력 Port

입출력 장치는 외부로부터 데이터를 입력하여 CPU나 메모리로 보내거나 데이터를 컴퓨터 외부로 출력시키는 기능을 합니다.

가. 입출력 장치의 종류

1. 데이터 방향에 따른 분류

입력장치

키보드, A/D변환기, 텔레타이프 등 외부로부터 CPU로 데이터를 전달할 목적으로 사용되는 장치로 이들 장치는 모두 특정한 입력 신호를 컴퓨터가 처리할 수 있는 디지털 데이터로 변환시켜 주는 기능을 합니다.

출력장치

프린터, D/A변환기, CRT 디스플레이 등 CPU로부터 외부로 데이터를 전달하여 사람이나 특정 시스템이 데이터를 확인시킬 목적으로 사용되는 장치입니다.

2. 데이터의 물리적 성질에 따른 분류

디지털 신호를 다루는 디지털 입출력 장치

10진법에서 정수는 값이 0, 1, 2… 등과 같이 불연속적으로 변화합니다. 이와 같이 값이 불연속적으로 표현되는 정보 즉 디지털 신호를 다루는 장치를 디지털 입출력 장치라 하며, 스위치나, 0을 이용한 표시장치인 LED 등이 이러한 입출력 장치에 속합니다.

아날로그 신호를 다루는 아날로그 입출력 장치

온도, 습도, 압력 등은 미세한 변화에도 그 값이 변화합니다. 이와 같이 연속적으로 표현되는 정보, 즉 아날로그 신호를 다루는 장치를 아날로그 입출력 장치라 합니다.

나. 입출력 장치와의 인터페이스

마이크로프로세서는 내부적으로 디지털 신호만을 처리하는 디지털 시스템입니다. 때문에 아날로그 입출력 장치의 경우 컴퓨터와의 데이터의 전달이 가능하기 위해서는 아날로그 신호를 디지털 신호로 변환시켜 주는 과정이 필요합니다. 즉 컴퓨터의 입출력 포트와 입출력 장치 간의 데이터의 표현 형식과 동작 타이밍이 다르므로 이들의 중간에 위치해서 양측에 적합한 신호 형태로 바꾸어 양쪽의 기능을 제어하는 회로가 필요하며 이것을 인터페이스라 합니다.

대부분의 인터페이스는 CPU와 입출력 장치와의 데이터 전달 속도나 데이터 처리 속도의 차이 때문에 완충기(버퍼)를 갖고 있습니다.

- 그림 1.8은 인터페이스의 개요도입니다. 주변기기에 해당하는 입력기기(스위치, 온도센서, 습도 센서 등)나 출력기기(모터, 알람, 램프 등)에 사용되는 신호는 일반적으로 아날로그 전압, 전류들입니다.

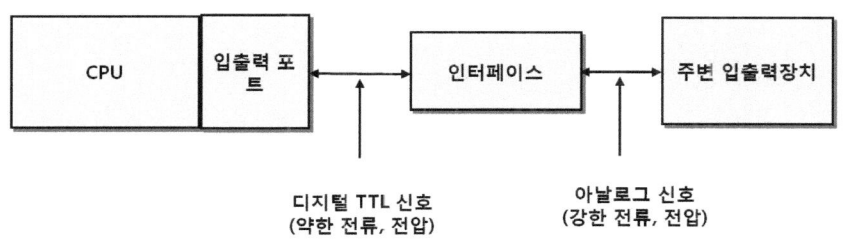

그림 1.8 인터페이스의 개요도

1. 입출력 장치의 예
입력 스위치

스위치의 동작을 마이크로프로세서가 인식하기위해서는 스위치의 열린 상태와 닫힌 상태를 그림 1.9와 같이 TTL 레벨(디지털 신호 레벨)로 변환해 주어야 합니다. 즉 스위치가 OFF이면 마이크로프로세서의 입력 포트에 5V의 전압 값이 입력되고 이 값은 디지털 값으로 1로 인식합니다. 스위치가 ON이면 마이크로프로세서의 입력 포트에 0V의 전압 값이 입력되고 이 값은 디지털 값으로 0로 인식합니다. 이와 같이 스위치와 마이크로프로세서 사이는 그림과 같은 스위치 동작을 디지털 신호로 변환시켜주는 인터페이스 회로가 필요합니다. 그림은 스위치 1개의 경우를 나타내어 line이 하나 필요하고 입력 Port에 1bit의 입력 데이터만이 입력되나 스위치가 8개면 8개의 line이 입력되고 8bit의 데이터가 입력 Port로 입력됩니다. 만약 8bit를 하나의 입력 Port 단위로 하였다면 주소 버스가 8개인 경우 최대 28=256개의 Port가 가능하고 총 256*8개의 입력 데이터를 받을 수 있습니다.

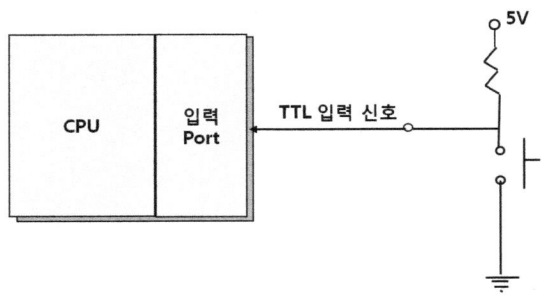

그림 1.9 스위치 입력 예

출력의 경우(릴레이, 램프 등)

그림 1.10은 릴레이 또는 램프 등을 구동시키는 경우입니다. 출력 포트가 1(5V)이면 트랜지스터가 ON되어 릴레이(또는 램프)로 전류가 흐르고, 출력 포트가 0(0V)이면 트랜지스터가 OFF되어 릴레이(또는 램프)로 전류가 흐르지 않습니다.

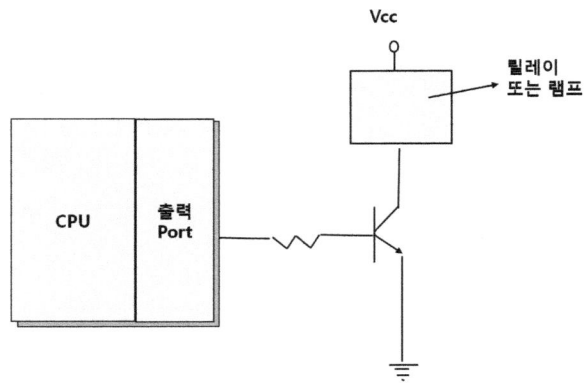

그림 1.10 접점 출력 예

2. 입출력 장치의 지정

입출력 장치는 인터페이스를 통해서 직접 컴퓨터 시스템의 입출력 Port와 직접 연결되므로 컴퓨터 외부에 여러 개의 입출력 장치 중 어느 특정한 하나의 장치와 데이터를 주고 받기 위해서는 그 입출력 장치에 해당하는 입출력 Port의 주소가 필요합니다. 컴퓨터가 원하는 입출력 장치를 지정하기 위해서는 CFU의 address 버스를 통해서 해당 입출력 장치의 Port 주소를 내보내게 됩니다. 그러나 컴퓨터 시스템의 메모리도 address bus로 주소를 내보내므로 해당 입출력 장치의 Port 주소를 내보낼 때는 메모리와 입출력 장치 중 어느 쪽에 해당하는 주소인지를 알릴 필요가 있습니다. 이를 위해서 CPU에서는 메모리를 요구하는 신호와 입출력 장치를 요구하는 신호의 구분에 의해 입출력 장치 주소를 지정하는 2가지 방식이 있습니다. 그 2가지는 메모리 맵 입출력 방식과 I/C 맵 입출력 방식으로 자세한 설명은 다음과 같습니다.

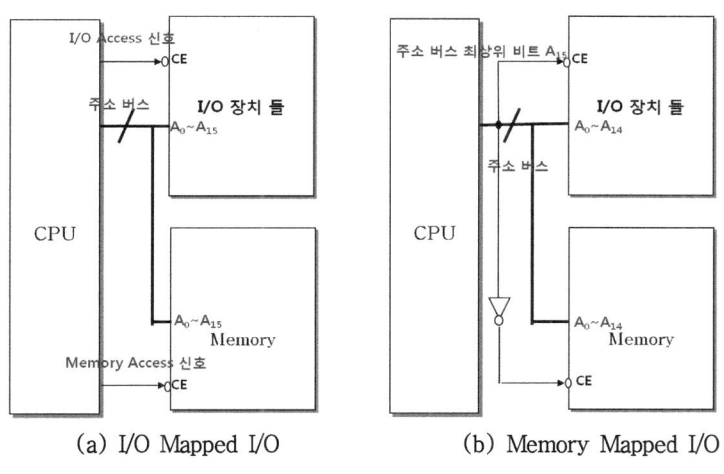

(a) I/O Mapped I/O   (b) Memory Mapped I/O

그림 1.11 I/O Map

I/O 맵 입출력 방식(I/O Mapped I/O)
 - 특정한 제어신호(메모리 요구 신호, 입출력 요구 신호)에 의해 메모리와 I/C 의 주소를 구분하고 address bus로 입출력 장치의 주소를 구분하는 방법
 - 입출력의 주소가 메모리 주소와 별도로 취급하므로 메모리와 입출력 용량 이 큽니다.

– 입출력용으로 별도의 명령어(예 : IN, OUT)를 사용하므로 메모리에 관련된 명령어와 쉽게 구분이 되어 프로그램을 작성하기 편리합니다.

메모리 맵 입출력 방식(Memory Mapped I/O)
– CPU의 종류에 따라서는 I/O 제어 신호가 없이 단지 16bit의 address의 값에 의해서만 입출력 장치와 메모리를 구별하는 경우도 있습니다. 이러한 방식에는 16bit address bus가 지정할 수 있는 주소 범위인 0에서 65535 번지까지 총 65536(2^16=65536)개의 번지 중에서 일부는 입출력 장치의 주소에 배당하고 나머지는 메모리가 사용하게 됩니다. 이와 같은 방식을 메모리 맵 I/O라 합니다.
– 따라서 메모리의 영역이 입출력의 주소에 의해 잠식당하므로 I/O 맵 입출력 방식보다 메모리와 입출력 용량이 작습니다.
– 입출력 포트가 메모리 장치와 같이 취급하고 입출력을 메모리 동작과 같은 명령어를 사용하여 행할 수 있습니다.

1.6 명령 실행 과정

1. 명령 실행 과정

CPU가 명령어를 수행하는 과정을 다음과 같은 예를 들어 설명합니다.
CPU의 프로그램 카운터(PC)가 현재 100번지를 가리키고 있다고 하자. 여기서 명령어 A는 메모리(RAM) 1000번지의 데이터를 CPU의 레지스터 B로 가져오라는 뜻이라고 가정합니다.
1) CPU가 하나의 명령을 수행하기 위해서는 우선 메모리(ROM)에 있는 명령어를 CPU로 읽어와야 합니다. CPU는 프로그램 카운터가 지시하는 ROM의 100번지에서 명령어 A를 읽어갑니다. 이와 같이 메모리에서 명령어를 읽어 오는 과정을 instruction fetch라고 합니다.
2) 이때 프로그램 카운터의 값은 자동적으로 1 증가하여 다음 ROM 번지인 101

을 가리킵니다.

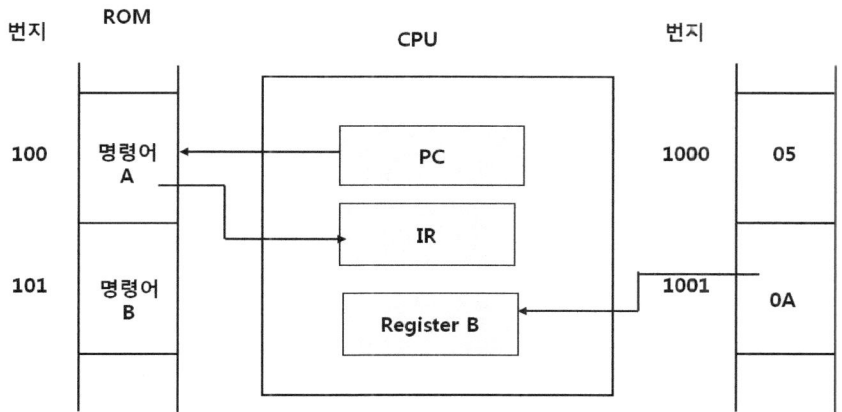

PC : Program Counter
IR : Instruction Register

그림 1.12 명령 실행 과정

3) CPU는 읽어온 명령어를 명령어 레지스터(IR)에 저장합니다.

4) 명령어 레지스터에 저장된 명령어는 CPU 제어회로에 의해 그 내용이 해독 됩니다.

5) 명령어 A의 내용은 RAM 1000번지의 데이터를 레지스터 B로 가져오라는 뜻 이므로 CPU는 RAM 1000번지의 데이터를 읽어와서 레지스터 B에 저장 합니다.

위의 과정을 그림에 설명으로 나타내면 위 그림 1.12와 같습니다.

2. 명령 사이클

이와 같이 하나의 명령을 수행하는 과정을 명령어 사이클(instruction cycle)이 라 하고 ROM에서 명령어를 가져오고 메모리로부터 데이터를 읽어오는 Memory access하는 하나의 과정을 기계 사이클(machine cycle)이라 합니다.

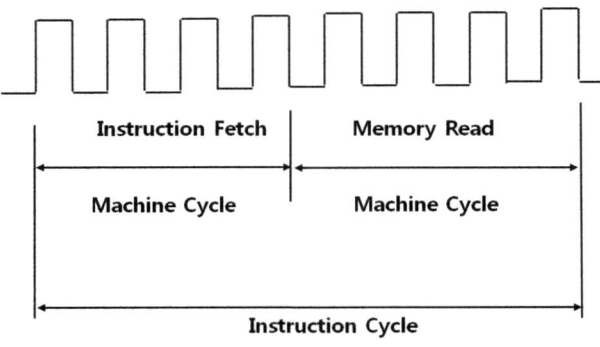

그림 1.13 명령 사이클

명령어 사이클과 기계 사이클을 좀더 자세히 설명하면 명령어 사이클은 한 개의 명령을 인출해 오고 실행시키는데 필요한 시간으로 정의할 수 있고 기계 사이클은 명령어 동작을 다시 몇 개의 기본적인 단계로 나눔으로써 명령어 사이클을 몇 개의 작은 사이클로 나눌 수 있는데 이것을 기계 사이클이라고 합니다. 실제로 한 개의 명령어 사이클은 1, 2, 3, 4 또는 5개 정도의 기계 사이클로 구성되어 있는데, 인출 중에는 8bit 마이크로프로세서인 경우 1바이트 인출 시 마다 1개의 기계 사이클이 필요하고, 실행 중에는 명령어의 종류에 따라 다른 수의 기계 사이클을 필요로 합니다. 즉 어떤 명령어는 인출해 오는 것 이외에는 실행 중에는 전혀 기계 사이클을 필요로 하지 않는 반면 어떤 명령어는 실행 중 데이터를 위해 메모리를 읽거나 메모리에 쓰는 동작이 필요하므로 추가의 기계 사이클이 필요합니다. 또한 각 기계 사이클은 다시 3, 4 또는 5개의 상태로 구분될 수 있는데, 상태란 수행시의 가장 작은 단위로 외부회로에서 제공되는 클럭의 한 주기로 정의됩니다. 그림 1.14에서 명령어 인출의 기계 사이클은 4개의 클럭 즉 4개의 상태로 되어있습니다. 따라서 각 클럭 주기가 상태를 정의하고, 3~5개의 상태가 모여 기계 사이클을 구성하고, 1~5개의 기계 사이클이 명령어 사이클을 구성합니다. 그러므로 한 명령어는 완전한 수행을 위해 4~18개의 상태가 필요합니다.

  예 :

    가) ADD r : OPcode Fetch → 상태 4, 총 기계 사이클 1, 총 상태 수 4

    나) ADD M : OPcode Fetch → 상태 3, Memory Read → 상태 4, 총 기

계 사이클 2, 총 상태 수 7

Machine Cycle의 종류가 더 많은 다른 명령어 예로 더하기 명령의 예를 들어 명령어 수행과정을 설명합니다. 예를 들어 더하기 명령 ADD 1000h의 경우 메모리 1000h번지의 내용을 읽어와 누산기와 더하는 명령으로 각 Machine Cycle별 실행과정은 다음과 같습니다.

  1) 명령어 인출 사이클

    PC에 있는 내용이 가리키는 ROM 주소의 명령을 데이터 버스에 실어 IR에 저장하며 PC를 하나 증가

  2) 주소 인출 사이클

    그 다음 PC에 있는 내용이 가리키는 ROM 주소의 Operand 번지(1000h)를 데이터 버스에 실어 주소 레지스터에 저장하고 PC를 하나 증가

  3) 데이터 인출 사이클

    주소 레지스터가 가리키는 주소(1000h)의 메모리 값을 데이터 버스를 통하여 데이터 레지스터로 가져옵니다.

  4) 실행 사이클

    더하기 명령을 실행

01

1.7   인터럽트

가. 인터럽트의 개요

인터럽트가 마이크로프로세서에서 왜 중요한지 마이크로프로세서를 냉장고의 온도를 제어하는 목적에 사용한 예를 들어 설명합니다. 냉장고 설정 온도를 4도라고 하고 상위 제한 온도를 6도, 하위 제한 온도를 2도로 할 때, 즉 6도가 되면 냉각기를 동작시키고 2도가 되면 냉각기를 끄도록 한다건 마이크로프로세서는 설정한 상하한 온도가 넘는지 온도 센서를 계속 감시하여야 합니다. 그러나 마이크로프로세서는 온도 조절 기능 외에 외부 키의 입력상황도 감시하여 키 입력에 따른 행동을 수행하고, 냉장고의 고장 등을 체크하는 등 여러 기능을 수행해야 합니다. 그러나 계속적으로 온도를 감시한다면 다른 기능을 수행

하기 어렵습니다. 따라서 누군가 설정된 상하한 온도가 되면 알려준다면 마이크로프로세서는 그 때에 해당하는 냉각기의 동작을 시키면 되므로 냉장고의 운전을 효과적으로 수행할 수 있습니다. 이 같이 설정한 상하한 온도가 되면 알려주는 역할이 마이크로프로세서에서 인터럽트라는 기능으로 마련되어 있습니다. 위 설명의 동작을 그림 1.14에 나타내었습니다.

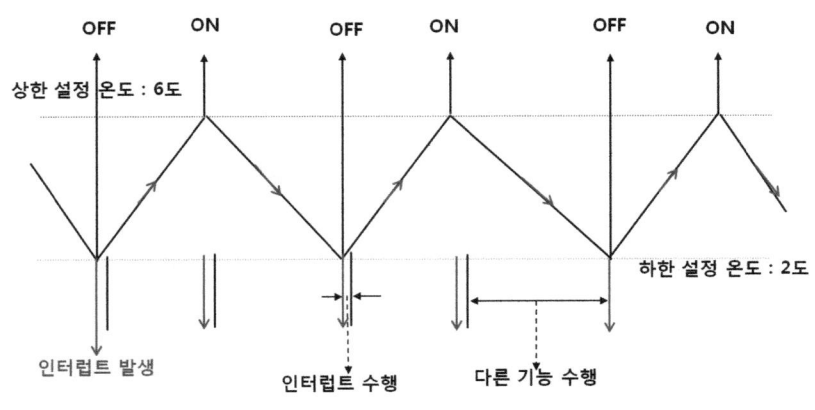

그림 1.14 인터럽트 기능

또 다른 예로 대화 중 전화기 벨이 울린다면 일반적으로 전화기를 들고 전화를 받습니다. 통화를 끝내면 원래의 대화를 계속합니다. 여기서 전화기 벨이 울리는 것은 인터럽트 요청이라 볼 수 있고, 전화기를 들고 통화하는 것은 인터럽트 수행, 통화가 끝나고 다시 대화를 계속하면 원래의 작업으로 복귀로 마이크로프로세서의 인터럽트와 상관관계를 맺어줄 수 있습니다. 만약 전화기가 2대면 인터럽트가 2가지 발생할 수 있으므로 다중 인터럽트라 합니다.

즉 인터럽트 기능이란 CPU가 현재 진행하고 있는 일을 일시 중단하고 인터럽트를 발생시킨 장치가 요구하는 긴급한 일을 우선하여 처리하는 것을 말합니다. 인터럽트가 서비스되고 난후에는 정확히 원래의 프로그램으로 돌아가야 하므로 이를 위하여 인터럽트가 실행되기 전에 현재 처리 중인 작업에 대한 중요 정보(리턴 어드레스, 플래그 상태 등)를 먼저 보관해야 하는데 이 보관소가 스택입니다. 인터럽트가 발생하면 현재 마이크로프로세서가 하고 있는 작업 내용과 현재의 번지가 스택에 저장되므로 인터럽트가 끝났을 때 스택으로부터 이를 복구하여 인터럽트가 실행되던 원래의 상태로 복구되고 원래의 장소로 돌아갑니다. 이 과정을 그림 1.15에 나타내었습니다.

각 인터럽트가 요구되는 입출력 장치(이벤트)는 인터럽트 선에 연결되어 있고 입출력 장치(이벤트)가 CPU의 서비스가 필요할 때는 인터럽트 펄스나 혹은 인터럽트 수준을 CPU에게 전달해 줍니다. CPU는 각 명령어를 수행하다가 끝부분에 인터럽트 신호가 있는지를 검사하고, 신호가 있으면 인터럽트 처리 루틴을 수행합니다. 인터럽트 처리 시에는 반드시 수행 중인 프로그램의 상태를 저장하고 어떤 입출력 장치(이벤트)가 인터럽트를 걸었는지를 확인해야 합니다. 다음은 인터럽트 수행 과정을 아래와 같이 정리합니다.

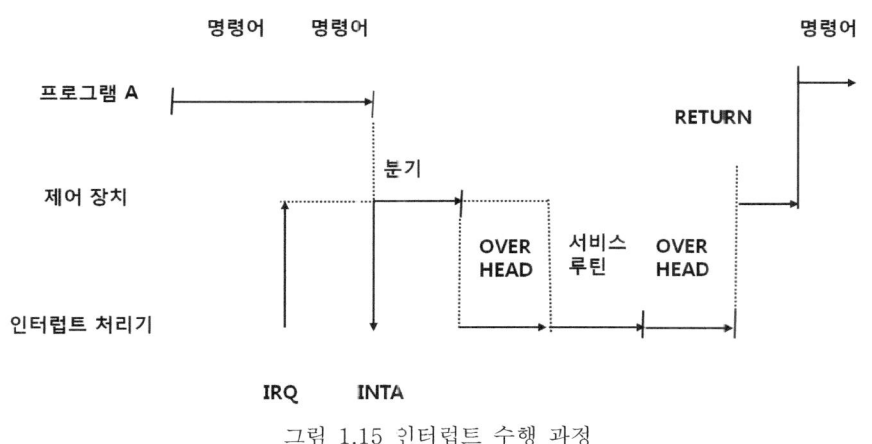

그림 1.15 인터럽트 수행 과정

나. 인터럽트 수행 과정

1. 우선 인터럽트가 걸리면, CPU는 현재 수행 중인 명령을 끝내고 다음 수행할 명령의 번지, 즉 현재 PC의 내용을 저장하여 인터럽트가 끝난 후 중단된 프로그램을 계속해서 수행할 수 있도록 합니다. 수행 중인 프로그램의 상태를 저장하는 문제는 주로 스택이라 불리는 메모리를 사용하여 해결합니다. 즉 현재 PC의 내용을 스택에 보관합니다. 또한 이때 PC 이외의 저장하여야 할 정보, 예를 들어 레지스터(accumulator, ST 등)의 내용이 있으면 함께 스택에 저장됩니다. 왜냐하면 인터럽트의 처리 프로그램이 수행되면 CPU 레지스터들의 내용이 변경됩니다. 이 과정을 그림 1.17에서 설명하면 경령

어 A를 수행 중 인터럽트 1이 발생하면 다음 명령이 보관된 101번지를 스택에 보관합니다.

2. 다음으로 해당 인터럽트 처리 루틴 주소가 파악되면 해당 인터럽트 처리 루틴이 저장되어 있는 메모리의 주소가 PC로 들어가 CPU는 해당하는 인터럽트의 처리 프로그램을 수행하기 위하여 분기합니다. 이때 인터럽트를 요구한 장치의 확인, 즉 해당 인터럽트 처리 루틴 주소가 파악이라는 문제에 부딪히게 됩니다. 해결방법으로 폴링(Polling) 방식 데이지-체인 방식(Daisy-chain), 벡터-인터럽트(vectored-interrupt) 처리 방식 등이 있습니다. 이 과정을 그림 1.17에서 설명하면 인터럽트 처리 프로그램이 1000번지에 있다면 프로그램 카운터는 1000번지가 되어 인터럽트를 처리합니다.

3. 해당하는 인터럽트 처리 프로그램의 수행이 끝나면 스택에 저장되었던 정보를 원래의 위치, 예를 들면 레지스터로 다시 실어줍니다. 마지막으로 저장되었던 인터럽트 이전의 PC의 내용을 다시 PC에 실음으로써 복귀 명령을 수행하여 분기하기 전의 중단되었던 원래의 프로그램이 계속 수행됩니다. 그림 1.17에서 설명하면 인터럽트 처리 프로그램을 수행한 뒤 프로그램 카운터는 다시 스택에 저장된 인터럽트 발생 전 다음 명령의 번지인 101번지가 되어 명령어 B를 수행합니다.

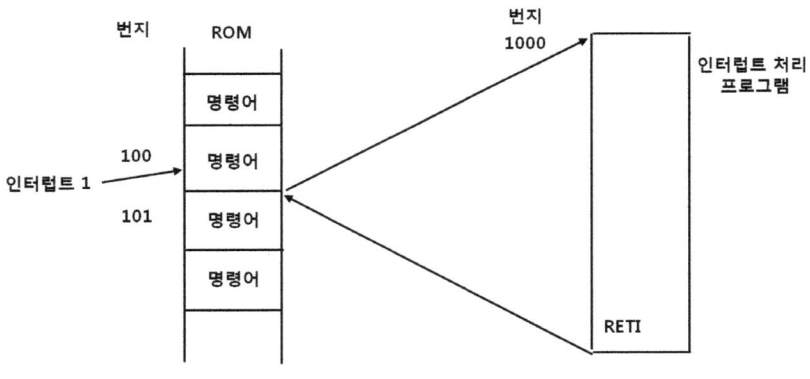

그림 1.16 인터럽트 수행 과정

다. 인터럽트 발생장치의 확인방법

인터럽트를 요구한 장치의 확인, 즉 해당 인터럽트 처리 루틴 주소를 파악하는

3가지 방법에 대해서 설명합니다.

(1) 폴링 방식

이 방식은 CPU에 의해 소프트웨어적으로 처리되는 방식입니다. 모든 입출력 장치(이벤트)는 상태 비트를 가지고 있으며, 인터럽트를 걸고자 하는 장치는 상태 비트를 1로 set 시킵니다. CPU는 각 입출력 장치의 상태 비트를 검사함으로써 인터럽트를 건 장치가 있는가를 확인합니다.

(2) 데이지-체인 방식

이 방식은 하드웨어적으로 인터럽트가 처리되는 방식으로 CPU가 인터럽트를 인지하였을 때, 인지 신호(ACK)를 보내게 합니다. 입출력 장치는 자신이 인터럽트를 걸은 경우 자신의 고유번호를 데이터 버스에 실어주고 아니면 인지 신호를 다음 단의 장치로 넘겨줍니다.

(3) 벡터-인터럽트

이 방법은 가장 일반적인 방법으로 인터럽트 처리 속도가 가장 빠릅니다. 마이크로프로세서의 주변에서 인터럽트 서비스가 필요한 모든 부분들에는 고유한 인터럽트 번호가 할당되어 있으므로 프로세서는 이 번호로서 주변장치의 인터럽트를 관리합니다. 각 인터럽트는 그 고유번호로써 관리되는 인터럽트를 서비스하는 프로그램(인터럽트 서비스 루틴)이 있고, 각 인터럽트는 그 고유번호에 대응하는 메모리에서 서비스 프로그램의 시작 번지를 찾습니다. 메모리 중에서 인터럽트 서비스 루틴의 번지를 기록하고 있는 장소를 인터럽트 벡터 테이블이라 합니다. 그러므로 인터럽트가 발생하면 먼저 발생되는 인터럽트의 번호를 이용하여 인터럽트 벡터 테이블에서 인터럽트 서비스 루틴의 번지를 찾습니다. 이어서 현재 실행 중인 프로그램에 대한 중요한 내용은 스택에 보관하고 인터럽트 서비스 루틴을 실행합니다. 인터럽트가 완료되면 스택에 보관된 내용을 복구하여 원래의 프로그램으로 돌아갑니다.

02장

02

Arduino 실습 모듈
F-no

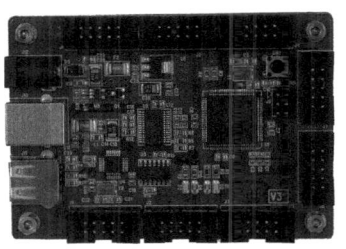

2.1 F-no

가. F-no 개요

F-no는 Arduino 시스템을 활용한 교육 장비입니다. Arduino는 유연하고 사용하기 쉬운 하드웨어와 소프트웨어를 기반으로 오픈 소스 전자 프로토 타입 플랫폼입니다. 아두이노는 예술가, 디자이너, 전자제어 애호가 다양한 사람들을 위한 플랫폼이며, 그리고 상호 연동을 위한 제품 개발 환경을 제공합니다. Arduino는 센서의 다양한 입력을 수신하여 주변 환경을 감지할 수 있으며, 제어 조명, 모터, 및 기타 액츄에이터를 이용하여 주변 환경과 상호 연동을 할 수 있습니다.

Arduino는 보드상의 마이크로 컨트롤러가 Arduino 개발환경 위에서 Arduino 프로그래밍 언어를 작성하는 것으로 시작되며, 작성된 프로그램을 독립적으로 실행될 수도 있고, 다른 다양한 컴퓨터 소프트웨어와 연동하여 실행할 수도 있습니다(예 : 플래시, Processing, MaxMSP, Matlab).

나. F-no 구성

본 제품은 처음 Arduino를 접하는 사용자에게 보다 빠르고 쉽게 Arduino를 학습할 수 있도록 구성하였다. 또한 기본 모듈에 대학 학습을 기본으로 빠른 확장성과 개발능력을 적용할 수 있도록 구성하였습니다.

1. 메인 모듈

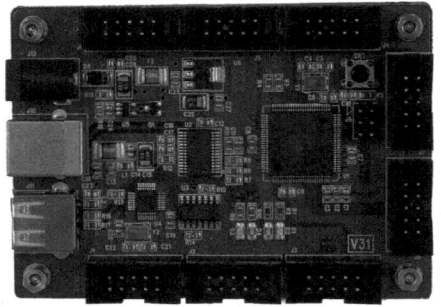

2. SUB 모듈

· Digital IO Module

· 7-Segment Module

· AD-Test(Cds) Module

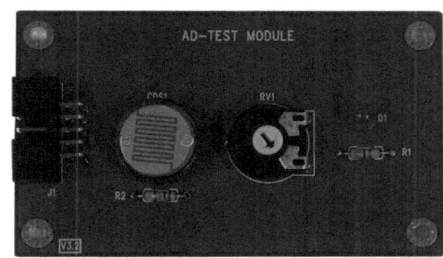

· PWM (Piezo & Servo) Module

· Char LCD Module

· RTC-Humid-Temp Module

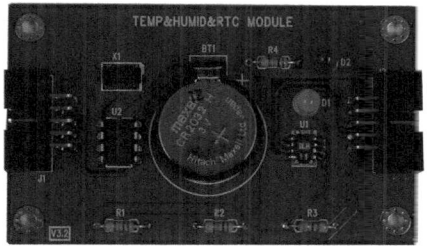

· Bluetooth or Zigbee Module

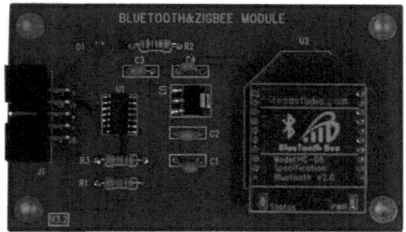

· DC Motor Module

· Ultrasonic Module

· RF−ID Module

· Relay Module

· Bread Conn Module

다. Fno-ADK(Main Module)

Fno-Adk는 Arduino ADK를 기반의 마이크로 컨트롤러 보드입니다.

ATmega2560를 바탕으로 안드로이드 기반의 휴대폰과 연결할 수 있는 USB 호스트 인터페이스 MAX3421 IC와 54개의 디지털 입력/출력 핀(핀 중 14핀은 PWM 출력으로 사용할 수 있습니다), 16개 아날로그 입력, 4의 UARTs(하드웨어 시리얼 포트), 16MHz의 크리스탈 발진기, USB 연결 컨넥터, 전원 잭, ISF 헤더, 그리고 리셋 버튼을 포함합니다. ADK는 기반으로 Mega 2560메가 2560와 USB To Serial 프로그래밍을 지원합니다.

1. Fno-ADK 제원

구 성	규 격	구 성	규 격
마이크로 컨트롤러	ATmega2560	IO 핀 공급가능 전류	40mA
작동 전압	5V	플래시 메모리	256 Kbytes하는 중 8Kbytes 브트 로더 사용
입력 전압 (권장)	5V	SRAM	8Kbyte
입력 전압 (제한)	5V	EEPROM	4Kbyte
디지털 I/O 핀	54(핀 중 14는 PWM 출력 가능)	클럭 속도	16MHz
아날로그 입력 핀	8		

2. 전원

Fno-ADK는 USB 연결을 통해 또는 외부 전원 공급 장치를 통해 전원을 공급할 수 있습니다.

USB 연결을 통해 전원이 공급과 외부 전원이 자동으로 선택됩니다.

어댑터 보드의 전원 잭에 2.1mm 중심 형의 플러그를 연결해하여 연결할 수 있습니다.

※ Fno-ADK는 안드로이드 핸드폰과 연결할 경우, USB 호스트로 동작하기 때문에 아답터를 통한 전원 공급이 필요합니다.

3. 메모리

Fno-ADK는 저장 코드로 256킬로바이트 플래시 메모리를 사용하며, 이중 8킬로바이트는 부트 로더 사용합니다. SRAM의 크기는 8킬로바이트 이며 읽기와 함께 쓸 수있는 4킬로바이트의 EEPROM이 탑재되어 있습니다.

라. 주요 핀 기능

1. 디지털 IO

Fno-ADK에서 54 디지털 핀을 각각 사용하여 입력 또는 출력으로 사용할 수 있습니다. pinMode()를 통해 입출력을 설정하고, digitalWrite(), digitalRead()로 입출력을 사용합니다.

핀들은 5V 레벨에서 작동하고, 각 핀들은 최대 40mA의 전류 공급이 가능하며, 20-50kOhms의 내부 풀업 저항을(기본내장) 가지고 있습니다.

온 보드 LED가 PIN13에 기본적으로 연결되어 있습니다. 이 핀을 이용하여, 하드웨어 기본적인 입출력 장치를 실험할 수 있습니다.

2. 시리얼 통신 기능

시리얼 통신 포트는 수신(RX) 및 (TX) TTL 직렬 데이터를 전송하는 데 사용됩니다. 4개의 시리얼 포트는 다음과 같이 구성되어 있습니다.

- Serial-0 : 0 0 (RX), 1 (TX)
- Serial-1 : 19 (RX), 18 (TX)
- Serial-2 : 17 (RX), 16 (TX)
- Serial-3 : 15 (RX), 14 (TX)

 ※ 핀 0과 1도의 해당 핀에 연결되어 Debug Consol로 사용됩니다.

3. 인터럽트 처리 기능

외부 인터럽트는 다음과 같은 핀에서 받을 수 있습니다.

- PIN-2(인터럽트 0)
- PIN-3(인터럽트 1)
- PIN-21(인터럽트 2)
- PIN-20(인터럽트 3)
- PIN-19(인터럽트 4)
- PIN-18(인터럽트 5)

지정 된 고정 핀에서 인터럽트를 실행하도록 구성할 수 있습니다.
인터럽트는 낮은 값 상승 또는 하강 에지 또는 값의 변화 등으로 설정할 수 있으며, Interrupt 설정에 대한 자세한 내용은 attachInterrupt()를 참조하세요.

4. PWM 출력 기능

PWM은 0-13 PIN을 이용하여 출력할 수 있으며, 8비트 PWM 출력을 제공합니다. 자세한 설정은 analogWrite() 함수를 참조하세요.

5. SPI 기능

PIN50(MISO), PIN51(MOSI), PIN52(SCK), PIN53(SS) 핀을 사용하여 SPI 통신을 지원합니다.
SPI 통신은 "SPI Library"을 이용해서 통신할 수 있습니다. USB Host Chip MAX3421E는 SPI 버스와 연결되어 있으며, 통신을 위해서 SPI 핀을 사용합니다.

6. I²C 기능

I²C는 PIN20(SDA), PIN21(SCL)를 사용하여 지원한다. I²C 통신 "Wire Library"를 이용하여 통신을 지원합니다.

7. AC Convert 기능

Fno-ADK는 해상도의 10비트(예 : 0~1024 의 값)를 제공하며, 각각 8개의 아날로그 입력을 가지고 있습니다.

기본적으로 그들은 0~5V의 값을 입력받으며, AREF를 통해서 입력 값을 재 설정할 수 있습니다.

8. 통신

Fno-ADK는 컴퓨터, 다른 Arduino, 또는 다른 마이크로 컨트롤러와 통신하기 위한 기능을 가지고 있습니다. ATmega2560는 칩이 제공하는 4개의 UARTs TTL(5V) 시리얼 통신 제공합니다.

Serial-0는 보드의 기본 디버깅 기능으로 사용된다. 보드의 FT232R USB 칩은 컴퓨터가 자동으로 시리얼을 인식할 수 있도록 지원 합니다(윈도우 머신. inf 파일이 필요, 리눅스 자동으로 COM 포트 인식).

Arduino 소프트웨어에는 가상 COM 포트를 제공해 이를 통한 간단한 텍스트와 데이터를 보드에 전송할 수 있도록 일련 모니터를 포함하고 있습니다. RX와 TX LED가 데이터를 전송 시 깜박입니다.

일반 IO 핀을 시리얼 핀을 사용할 경우, "SoftwareSerial Library"를 제공하고 있으며, 이를 통해 시리얼 통신을 할 수 있습니다.

ATmega2560는 또한 I²C 및 SPI 통신을 지원합니다.

Arduino 소프트웨어 I²C 버스의 사용을 단순화 "Wire" 라이브러리 및 "SPI Library"를 포함하고 있습니다.

안드로이드 핸드폰과 통신을 위한, USB 호스트 인터페이스 MAX3421E IC는 Fno-ADK에 연결하고자 하는 USB 포트가 장치의 모든 유형에 장치에 작용할 수 있습니다.

예를 들어, Wiimote와 같은 키보드, 마우스 및 게임 컨트롤러와 인터페이스, 캐논 카메라를 제어, 단말기의 여러 유형과 상호 작용할 수 있도록 구성할 수 있습니다.

9. 소프트웨어 업로드 자동 Re-Booting 기능

프로그램 컴파일 후, 소프트웨어 업로드 시, 물리적인 리셋 기능이 필요합니다. Fno-ADK는 연결된 컴퓨터에서 재부팅을 실행 할 수 있도록 설계되었고,

FT232R의 핀 중 하나인 하드웨어 제어 라인(DTR) 라인이 Fno-ADK의 리셋 라인에 연결되어 있습니다.

Fno-ADK의 하드웨어 흐름 제어 라인 중 하나 FT232R은 의 리셋 라인에 견결된 ATmega2560 100 nanofarad 커패시터를 통해 이 라인이 연결된다 Arduino 소프트웨어는 단순히 Arduino 환경에서 업로드 버튼을 눌러 코드를 업로드 할 수 있도록 하려면 이 기능을 사용해야 됩니다.

Fno-ADK는 자동 리셋을 해제하는 기능이 포함되어 있으며, 리셋 라인에 110 옴 저항을 연결하여 자동 리셋을 해제할 수 있습니다

10. USB 과전류 보호

Fno-ADK는 과전류로부터 USB 포트를 보호하는 resettable polyfuse 있습니다. 대부분의 컴퓨터가 자신의 내부 보호 기능을 제공하지만, 퓨즈 보호의 추가 기능를 제공합니다. 500mA 이상의 전류가 USB 포트에 흐르면, 단기 또는 과부하가 제거될 때까지, 퓨즈가 자동으로 연결을 차단합니다.

마. PIN mapping table

H/W Pin No	Pin Name	Arduino Mapped Pin Name
1	PG5(OC0B)	Digital pin 4(PWM)
2	PE0(RXD0/PCINT8)	Digital pin 0(PWM)(RX0)
3	PE1(TXD0)	Digital pin 1(PWM)(TX0)
4	PE2(XCK0/AIN0)	
5	PE3(OC3A/AIN1)	Digital pin 5(PWM)
6	PE4(OC3B/INT4)	Digital pin 2(PWM)
7	PE5(OC3C/INT5)	Digital pin 3(PWM)
8	PE6(T3/INT6)	
9	PE7(CLKO/ICP3/INT7)	
10	VCC	VCC
11	GND	GND
12	PH0(RXD2)	Digital pin 17(PWM)

13	PH1(TXD2)	Digital pin 16(PWM)
14	PH2(XCK2)	(TX3)
15	PH3(OC4A)	Digital pin 6(PWM)(RX3)
16	PH4(OC4B)	Digital pin 7(PWM)(TX2)
17	PH5(OC4C)	Digital pin 8(PWM)(RX2)
18	PH6(OC2B)	Digital pin 9(PWM)(TX1)
19	PB0(SS/PCINT0)	Digital pin 53(PWM)(RX1)
20	PB1(SCK/PCINT1)	Digital pin 52(PWM)(SDA)
21	PB2(MOSI/PCINT2)	Digital pin 51(PWM)(SCL)
22	PB3(MISO/PCINT3)	Digital pin 50
23	PB4(OC2A/PCINT4)	Digital pin 10(PWM)
24	PB5(OC1A/PCINT5)	Digital pin 11(PWM)
25	PB6(OC1B/PCINT6)	Digital pin 12(PWM)
26	PB7(OC0A/OC1C/PCINT7)	Digital pin 13(PWM)
27	PH7(T4)	
28	PG3(TOSC2)	
29	PG4(TOSC1)	
30	RESET	RESET
31	VCC	VCC
32	GND	GND
33	XTAL2	XTAL2
34	XTAL1	XTAL1
35	PL0(ICP4)	Digital pin 49
36	PL1(ICP5)	Digital pin 48
37	PL2(T5)	Digital pin 47
38	PL3(OC5A)	Digital pin 46(PWM)
39	PL4(OC5B)	Digital pin 45(PWM)
40	PL5(OC5C)	Digital pin 44(PWM)
41	PL6	Digital pin43
42	PL7	Digital pin42
43	PD0(SCL/INT0)	Digital pin 21(SCL)
44	PD1(SDA/INT1)	Digital pin 20(SDA
45	PD2(RXDI/INT2)	Digital pin 19
46	PD3(TXD1/INT3)	Digital pin 18
47	PD4(ICP1)	

48	PD5(XCK1)	
49	PD6 (T1)	
50	PD7 (T0)	Digital pin 38
51	PG0 (WR)	Digital pin 41
52	PG1 (RD)	Digital pin 40
53	PC0 (A8)	Digital pin 37
54	PC1 (A9)	Digital pin 36
55	PC2 (A10)	Digital pin 35
56	PC3 (A11)	Digital pin 34
57	PC4 (A12)	Digital pin 33
58	PC5 (A13)	Digital pin 32
59	PC6 (A14)	Digital pin 31
60	PC7 (A15)	Digital pin 30
61	VCC	VCC
62	GND	GND
63	PJ0 (RXD3/PCINT9)	Digital pin 15
64	PJ1 (TXD3/PCINT10)	Digital pin 14
65	PJ2 (XCK3/PCINT11)	
66	PJ3 (PCINT12)	
67	PJ4 (PCINT13)	
68	PJ5 (PCINT14)	
69	PJ6 (PCINT 15)	
70	PG2 (ALE)	Digital pin 39
71	PA7 (AD7)	Digital pin 29
72	PA6 (AD6)	Digital pin 28
73	PA5 (AD5)	Digital pin 27
74	PA4 (AD4)	Digital pin 26
75	PA3 (AD3)	Digital pin 25
76	PA2 (AD2)	Digital pin 24
77	PA1 (AD1)	Digital pin 23
78	PA0(AD0)	Digital pin 22
79	PJ7	
80	VCC	VCC
81	GND	GND
82	PK7(ADC15/PCINT23)	Analog pin 15

83	PK6(ADC14/PCINT22)	Analog pin 14
84	PK5(ADC13/PCINT21)	Analog pin 13
85	PK4(ADC12/PCINT20)	Analog pin 12
86	PK3(ADC11/PCINT19)	Analog pin 11
87	PK2(ADC10/PCINT18)	Analog pin 10
88	PK1(ADC9/PCINT17)	Analog pin 9
89	PK0(ADC8/PCINT16)	Analog pin 8
90	PF7(ADC7/PCINT15)	Analog pin 7
91	PF6(ADC6/PCINT14)	Analog pin 6
92	PF5(ADC5/TMS)	Analog pin 5
93	PF4(ADC4/TMK)	Analog pin 4
94	PF3(ADC3)	Analog pin 3
95	PF2(ADC2)	Analog pin 2
96	PF1(ADC1)	Analog pin 1
97	PF0(ADC0)	Analog pin 0
98	AREF	Analog Reference
99	GND	GND
100	AVCC	VCC

바. 핀 사용 특이사항

• 소프트 시리얼

소프트 시리얼 라이브러리는 다음과 같은 알려진 제한 사항이 있습니다.

여러 소프트웨어 시리얼 포트를 사용하는 경우 하나만 한 번에 데이터를 받을 수 있습니다.

PIN 10, 11, 12, 13, 50, 51, 52, 53, 62, 63, 64, 65, 66, 67 핀이 Mega 2560 칩에서, 소프트 시리얼을 지원합니다.

• attachInterrupt(인터럽트, 기능, 모드)

외부 인터럽트는 0~5까지 제공하며, 아래 주어진 핀에서 받을 수 있습니다.

인터럽트 0(디지털 핀 2)

인터럽트 1(디지털 핀 3)

인터럽트 2(핀 21)

인터럽트 3(핀 20)

인터럽트 4(핀 19)

인터럽트 5(핀 18)

사. 프로그램 실행 루틴

① 보드 Reset 시부터 로드로 프로그램 점프합니다.

② 부트 로드는 Fno-ADK와 연결된 컴퓨터로부터 아두이노 개발환경으로부터 특정문자를 통해 프로그램 다운로드 요청이 있을 때까지 잠시 대기합니다.

③ 만약 프로그램 개발 환경으로부터 일정 시간 내에 요청이 없을 시, 프로그램 시작 번지로 재 JUMP 하여 기 설치된 프로그램을 수행한다.

④ 프로그램 개발 환경으로부터, 새로운 프로그램 요청이 있을 시, 부트 로드는 프로그램을 HOST 컴퓨터부터 다운로드하고, 플래시 메모리에 라이팅한다. 그리고, 해당 프로그램 시작 번지로 점프하여, 새로운 프로그램을 시작한다.

아. Arduino sketch 설치

1. 프로그램 다운로드 & 압축해제

인터넷 주소창에 http://arduino.cc를 입력하면 다음과 같이 Arduino 홈페이지에 접속 됩니다. 접속하여 현재 본인 PC의 OS 환경에 맞는 버전의 sketch를 Download해서 직접설치 하거나 혹은 Install 합니다.

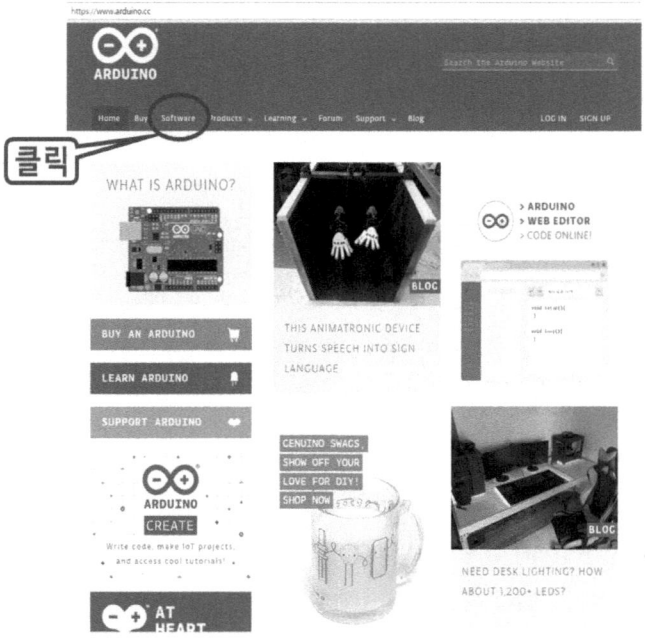

Software를 클릭하여 arduino 1.8.x Install 하거나, 해당 압축파일을 download 하여 원하시는 폴더에 압축을 풀어줍니다.

참고. sketch 버전은 수시로 업그레이드 되고 있으나 무조건 최신 버전을 받을 필요는 없다. 오히려 최신 버전은 이전의 센서나 보드 혹은 PC와 트러블을 일으켜 잘 실행이 되던 소드도 컴파일이 안 되는 등의 경우가 종종있다. 이럴 때는 적당한 구 버전으로 실행을 해 보기 바랍니다.

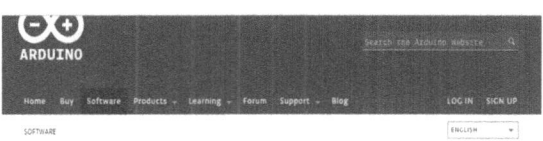

Access the Online IDE

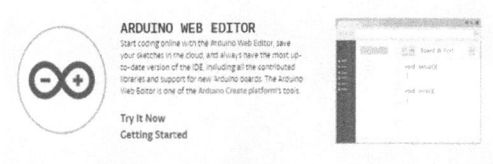

Download the Arduino IDE

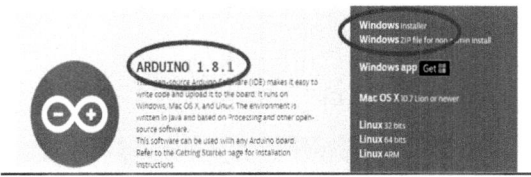

Install을 직접 실행 하는 경우는 Program의 진행에 맞추서 진행하면 됩니다.
단, 설치 디렉토리에 한글경로는 만들지 말아 주세요.

압축 파일을 직접 설치 하는 경우는 arduino-1.8.x-window.zip 압축파일을 풀
어 생성된 arduino-1.8.x-window 폴더에 arduino압축 파일을 풀어 생성된 폴
더 내의 libraries 폴더내의 파일을 복사하여 arduino-1.8.x-window 폴더의
libraries 폴더에 붙여 넣어줍니다.

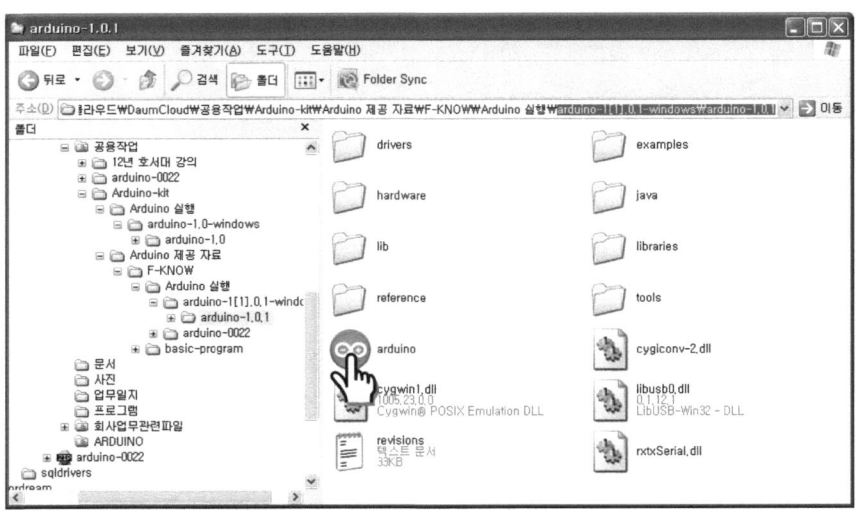

Arduino 아이콘을 클릭합니다.

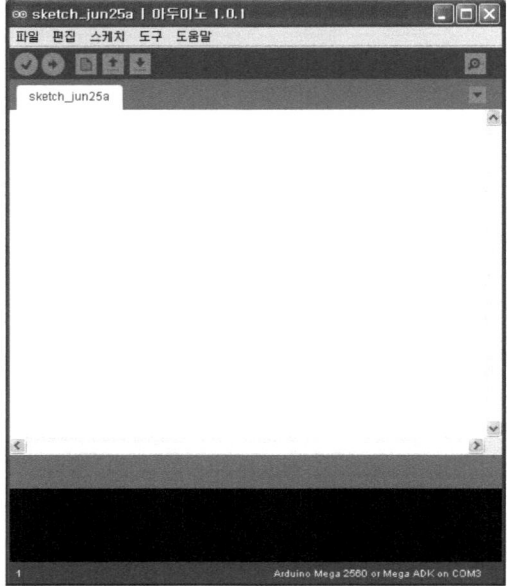

2. 하드웨어 설정-보드 설정

도구→보드→Arduino Mega 2560 혹은 Mega ADK 선택합니다.

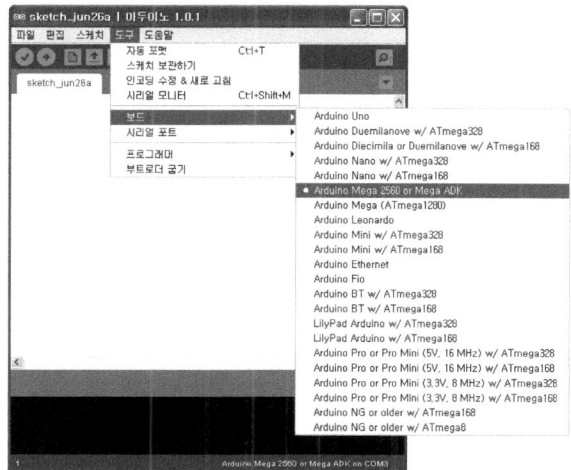

3. 하드웨어 설정-포트 설정

Main module(Fno-ADK)을 제공된 USB 케이블을 이용하여 연결하고 내컴퓨터의 장치 관리자에서 USB Serial Port COM 번호를 확인하여 sketch프로그램의 도구→시리얼 포트에서 설정합니다.

02

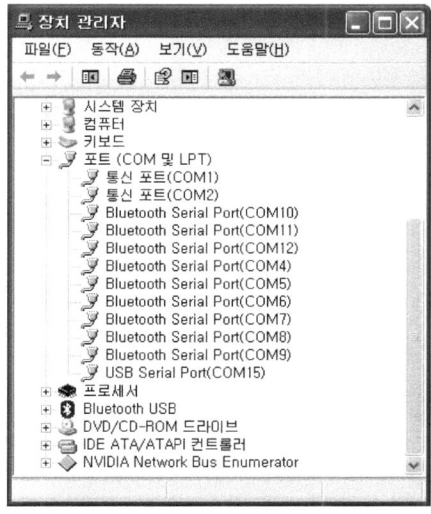

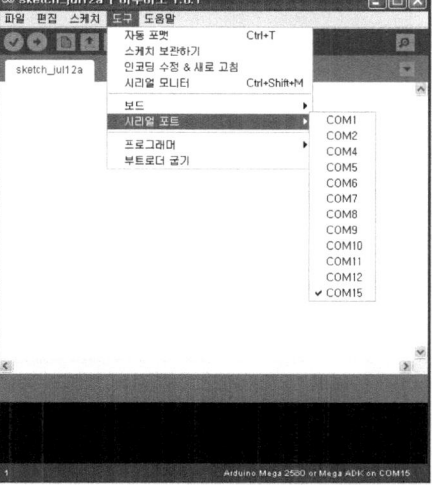

자. Arduino sketch 프로그램 사용법

1. 프로그램 열기

파일→열기를 선택합니다.

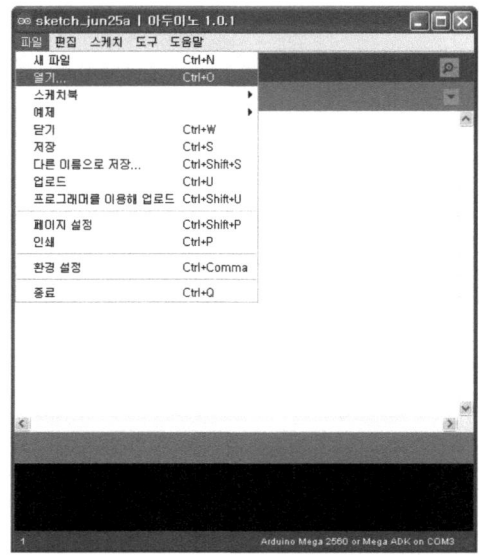

원하는 파일을 선택하여 클릭하면 새 창이 생성되면서 선택한 코드가 열립니다.

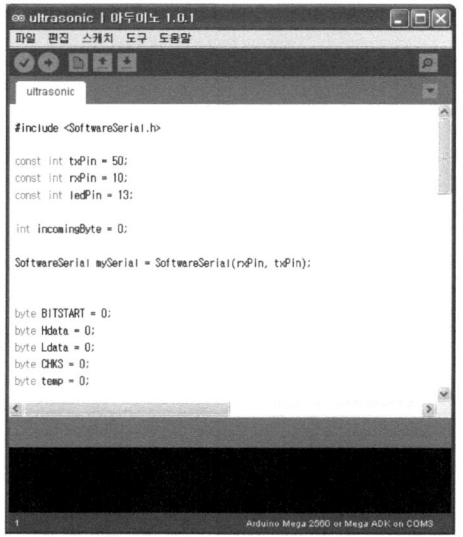

위의 경우처럼 불러오기도 가능하고, 직접 공란에 코드를 작성하여 제작하는 것도 가능합니다.

그 외의 나머지 메뉴는 다음과 같습니다.

스케치 프로그램 단축 아이콘	
	확인 컴파일 및 오류 코드를 확인
	프로그램 업로드
	새로운 스케치를 생성
	최근 작성된 스케치를 보여줌
	작성된 스케치를 저장
	시리얼 모니터 연결

차. ArduBlock 프로그램 사용법

1. 아두블럭 다운 받기

1) 공식 사이트 : http://blog.ardublock.com/에 접속합니다.

2) https://github.com/downloads/taweili/ardublock/ardublock-all.jar을
 다운 받습니다.

3) 아두이노를 정상적으로 다운 받아서 실행했다면 내 문서 폴더에 'Arduino'
 라고 하는 폴더가 생성된 것을 확인하실 수 있고, 폴더로 들어갑니다.

4) 이전 경로는 생략...\Documents\Arduino\tools로 들어가셨으면 폴더가
 비어 있을 텐데요. 여기에서 새 폴더를 만들어 이름을 'ArduBlockToos'로
 바꾸어 줍니다.

5) 만드셨다면 ...\Documents\Arduino\tools\ArduBlockToos 내에 'tool'
 이라는 폴더를 만드시고, 그 안에 ardublock-all.jar 파일을 넣어줍니다.

6) 위의 경로에 파일을 넣으셨다면 이제 아두이노를 실행합니다.

7) 아두이노 IDE 창이 열리면 "도구-ArduBlock"을 클릭합니다.

03장

03

Arduino 프로그램 구성

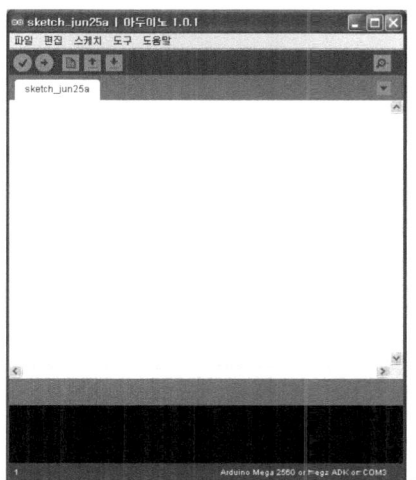

3.1 기본적인 Arduino 프로그램 구성

가. Arduino 언어

Arduino는 C 언어를 사용하는 프로그램입니다. C를 사용하는 프로그램이기 때문에 다소 처음 사용하시는 분들은 어렵게 생각하실 수 있지만 조금만 시간을 투자하시어 간단한 예문을 몇 가지 활용하시다 보면 자연스럽게 프로그램 구성이 가능해 집니다.

Arduino는 크게 보면 2가지의 필수 기능으로 그 프로그램을 구성합니다. 첫 번째는 프로그램과 장비를 서로 인식시켜주는 파트이며, 두 번째는 실제 동작 명령을 수행하기 위한 부분입니다.

void setup( ) { }

Arduino 프로그램이 처음 실행될 때 한번만 실행되며, { }안의 부분에 장비와 관련된 설정 사항을 입력합니다.

void loop( ) { }

흔히 반복 구문으로 인식되며 많은 프로그램 형태가 이 형식을 사용합니다. 한번 프로그램을 구성하여 놓으면 종료될 때까지 계속적으로 반복되므로 프로그램 구성의 간단화를 이룰 수 있어 if와 함께 많이 활용하게 될 것입니다.

나. 기본 프로그램 활용기호

C에서 활용하는 몇 가지 기본적인 기호는 다음과 같습니다.

1. 구문

//(신호 주석 주석)

// 뒤에 사용자의 편의를 위한 주석 기입이 가능합니다.

/* */(다중 주석라인)

할 말이 많거나, 주석과 같은 몇 가지를 잠시 지우거나 건너 뛸 수가 있습니다.

{ }(중괄호)

반복하고자 하는 영역이 둘이상의 문장으로 구성되는 경우에 필수입니다.

;(세미콜론)

모든 함수나 명령어 뒤에 붙습니다. 이걸 빠뜨리게 되면 컴퓨터가 프로그램의 끝이 어디까지인지 알 수 없게 됩니다.

2. 변수

int(interger)

정수형을 처리하기 위한 변수로, 정수형(integer)의 약자이다. char와 같은 구조와 특성을 가지며 char가 8비트 인데 비해, 16, 32, 64비트의 처리 단위로 CPU마다 다르다는 차이가 있습니다. 변수 사용 시, unsigned을 이용하면 부호 없는 정수를 처리할 수 있습니다. char는 모든 CPU에서 무조건 8비트인데 비해, int의 처리 단위 비트는 CPU마다 차이가 있습니다. 보통 8비트 CPU는 16비트의 처리 단위를 가지며, 32비트 CPU이면 32비트의 처리 단위를 갖는 것이 일반적인 정수형 처리입니다. 숫자를 표시하는 방식은 signed일 경우의 2의 보수 체계를 사용합니다. char와 마찬가지 CPU의 ALU을 사용하여 연산 처리합니다. 8비트 CPU는 16비트 처리 단위인 int의 16비트를 처리하기 위해 여러 개의 기계어 코드를 사용합니다. 따라서 8비트 CPU는 32비트 CPU에 비해 처리 시간이 더 걸립니다.

long(long)

C/C++ 프로그래밍 언어에서 정수형 변수 int을 사용합니다. int는 CPU에 따라 16비트 또는 32비트 정수형이 됩니다. 보통 8비트 CPU는 int가 16비트를 많이 사용하지만, x86, ARM 등의 32비트 CPU는 32비트 정수형 변수가 됩니다. int가 32비트 인 CPU 컴파일러를 사용할 때, 64비트 정수형이 필요하다면 long long int을 사용합니다. long int만으로는 64비트를 지원하지 않으므로 주의해야 합니다. long long을 사용할 때도 오래된 버전의 컴파일러에서는 지원하지 않는 경우도 있으므로 주의해야 합니다. 8비트 CPU의 경우 int만으로는 주로 16비트만을 지원하므로 32비

트가 필요하다면 long int을 사용합니다. 이와 같이 long을 사용할 때는 상황에 따라 다르므로 컴파일러의 성능을 확인해야 합니다.

char(character)

C 및 C++ 프로그래밍 언어에서의 char는 8비트 정수형 처리 변수로 character(문자)의 약자입니다. C언어 정수형의 처리에서 부호가 있는 sign형과 부호가 없는 unsigned형으로 선언하여 사용할 수 있습니다. 부호가 있는 변수는 char만으로 선언된 변수이고, 부호가 없는 경우는 unsigned과 결합하여 선언합니다. 부호가 있는 정수형은 2의 보수 체계를 사용하여 +와 −로 나누어 숫자를 표현할 수 있습니다. char는 8비트 변수 이므로 부호형 변수는 −128~127까지의 숫자를 취급할 수 있습니다. CPU가 해당 변수를 처리할 때는 해당 변수의 메모리 위치의 숫자를 CPU의 레지스터로 가져와 ALU를 통해 계산할 수도 있습니다. 계산 결과는 레지스터로 저장되고 다음 프로그램 코드에 따라 사용됩니다. 모든 CPU는 8비트 단위의 처리가 가능하므로 CPU의 레지스터 및 ALU을 통해 한 번의 계산에 의해 이루어집니다. 계산의 종류는 사칙연산 뿐 아니라 논리 연산, 비트 쉬프트 등 다양한 연산을 ALU을 통해 이루어집니다. 원래 char는 문자형 값을 처리하기 위한 변수인데, character의 약자입니다. 글자에서의 의미로 보면 아스키(ASCII)의 문자형을 취급하여 계산하거나 처리 합니다. 아스키 코드 값은 기본적으로 8비트 이므로 이것은 8비트 정수형의 부분집합일 뿐이다. 따라서 문자만이 아니라 8비트 정수형 연산도 가능합니다. 예를 들어 'A'를 'a'로 바꾸려면 정수형 연산으로 가능합니다. 이때 역시 ALU을 통한 정수형 연산이 기계어 코드에 의해 계산 됩니다. 그러나 한글의 경우 보통 16비트(KS X 1001 또는 유니코드)이므로 char의 배열형이 필요하다. 따라서 한글은 char 변수만으로는 불가능하고 char 배열형으로 선언해야 합니다. 또한 char 변수는 문자뿐만 아니라 8비트의 정수형 변수의 연산이 가능하므로 문자뿐만 아니라 일반적인 데이터를 처리할 수 있습니다. 예를 들어 온도를 저장하기 위한 변수를 생각할 때, −128도 부터 127도 까지 처리한다면 char 변수를 사용할 수 있습니다.

boolean(boolean)

　컴퓨터 과학에서 불린(boolean) 자료형은 논리 자료형이라고도 하며, 참과 거짓을 나타내는 데 쓰인다. 주로 참은 1, 거짓은 0에 대응하나 언어마다 차이가 있습니다. 숫자를 쓰지 않고 참과 거짓을 나타내는 영단어 true와 false를 쓰기도 합니다.

float(float)

　실수를 나타내는 유형으로 보통 4byte로 수를 표시하는데, 여기서 소수부분과 지수부분을 나누어서 저장합니다. 예를 들면 3.415를 float으로 저장하려면 0.31415*10^1 이렇게 합니다. 이때 소수 부분은 31415를 수수부에 저장하고 지수부에 1을 저장합니다. 보통 3byte는 소수부를 저장하고 1byte는 지수를 저장합니다. 왜 여기 float이라고 했는가 하면 유동할 수 있다는 뜻인데 여기서 실수를 표시하면 소수점이 이동에 따라 여러 가지고 표현할 수 있다는 뜻에서 이렇게 지은 것입니다. 이것보다 더 큰 수거나 더 작은 수를 표시하려면 double형을 쓸 수 있습니다.

03

3. 연산 기호

연산 기호를 다음과 같은 것을 사용합니다.

　=(assignment) : 어떤 것과 같은 다른 어떤 것을 만들 때 사용 예를 들어 x = 10*2 이때 x는 20이 됩니다.

　%(modulo) : 어떤 수를 다른 어떤 수로 나누었을 때 그 나머지 값을 표시 예를 들어 12 % 10 이때 값은 2가 됩니다.

　+(addition) : 값을 더할 때 사용

　−(subtraction) : 값을 뺄 때 사용

　*(multiplication) : 곱할 경우

　/(division) : 나눌 때 사용

4. 비교 연산자

==, !=, >=, <=, <, >의 여섯가지로 연산자의 앞뒤를 비교하여 그 참 거짓을

통한 프로그램 구성 방식에 활용한다. 예를 들면 다음과 같습니다.

```
trace (10<40); //true
trace (10<=40); //true
trace (10>40); //false
trace (10>=40); //false
trace (10==40); //false
trace (10!=40); //true
```

5. 제어 구조

제어 구조란 프로그램이 진행되는 흐름을 말합니다.

프로그램이 위에서 아래로 내려가면서 순차적으로 잰행되는 순차 진행과, 조건문에 따라 진행의 흐름이 나뉘는 조건 분기, 조건이 맞는 한 계속해서 반복하는 반복문 이 세 가지로 분류합니다.

조건 분기나 반복문 또한 그 영역 안에서는 위에서 아래로 내려가는 순차 진행을 하기 때문에 프로그램의 가장 기본적인 제어 구조는 순차 진행이라 할 수 있습니다.

조건 분기는 조건식의 결과 값에 따라 어떤 루틴(문장내의 코드들)을 선택적으로 실행하는 제어 구조로 값의 참/거짓에 따라 실행의 여부를 결정하게 됩니다. 대표적인 예로 루틴을 실행할지 말지를 결정하는 조건 분기문에는 if(), else 문, 있으면 조건과 일치하는 루틴만이 실행되는 조건 분기문에는 else if(), switch() 문이 있습니다.

반복문은 조건식이 참인 동안 반복문내의 프로그램을 계속 반복하고 조건식의 결과가 거짓이 되는 순간 반복문의 빠져나가게 되는 진행방식입니다. 반복문의 조건식에는 비교연산자가 사용되며 while() 문과 for(::) 문 그리고 for/in 문이 있습니다.

※ 위에서 설명한 기본 프로그램 활용기호에 관련된 자세한 내용은 교재 뒤편의 6장과 7장을 참고하도록 합니다.

다. 활용 전자소자

 LED : 발광 다이오드 light emit-ting diode의 약기로 전구에 의해 변환 효율이 높고 소비전력이 적으며 수명이 긴 전기 에너지를 빛 에너지로 변환하는 에너지 소자

 Diode : 게르마늄이나 규소로 만들며 발광, 정류(교류를 직류로 변환) 특성 등을 지니는 반도체 소자. 전류를 한 쪽 방향으로만 흘리는 반도체 부품으로 반도체의 재료는 Si(실리콘)이 많지만 Ge, GaAs 등도 사용됩니다.

 Resister : 회로에서 전류의 흐름을 억제하는 부품으로, 옴(Ω)을 단위로 사용합니다. 저항이 나타내는 저항값은 원재료의 저항률(Resistivity)과 크기에 따라 달라지며, 이러한 성질을 이용하여 다양한 값을 가진 저항을 만들 수 있습니다.

 Transistor : 진공관 작용을 하는 극히 소형의 반도체 응용장치로, 전기 신호를 증폭·제어·발생하는데 사용하는 고체 소자로 실리콘이나 게르마늄 반도체로 pnp 접합 또는 npn 접합을 만들어 활용합니다.

03

 PWM Servo : PWM은 Pulse Width Modulation의 약자로 펄스폭 변조라고 합니다. 이는 On Off의 시간 비율을 변화 시켜서 제어하는 방식으로 PWM Servo는 전원의 On Off를 통한 모터 속도 제어 방식을 말합니다.

 DC Motor : 플래밍의 왼손 법칙에 따른 전기적 에너지 즉 전류를 통과시켜 전기적 에너지를 역학적 회전에너지로 변환하는 장치입니다.

 Piezo Element : 기계적 응력을 가하면 전압이 발생하고 반대로 전압을 가하면 일그러짐이 발생하는 수정이나 압전 세라믹스 등을 사용한 소자로 크기가 작아 전류흐름에 따라 소리를 발생시킵니다.

 IC(Integrated Circuit) : 공통의 한 기판 위에 트랜지스터·다이오드·축전기·저항 등 서로 독립된 회로소자들을 내부적으로 서로 연결해 전기회로 내에서 특정한 기능을 수행하도록 한 회로소자들의 집합체로 설계의 고도화·복잡화를 가능하게 하여 시스템의 설계나 제작을 간단화 할 수 있습니다.

라. F-no 핀 구성

1. F-no 메인 모듈의 포트(Jumper) 구성은 다음과 같습니다.

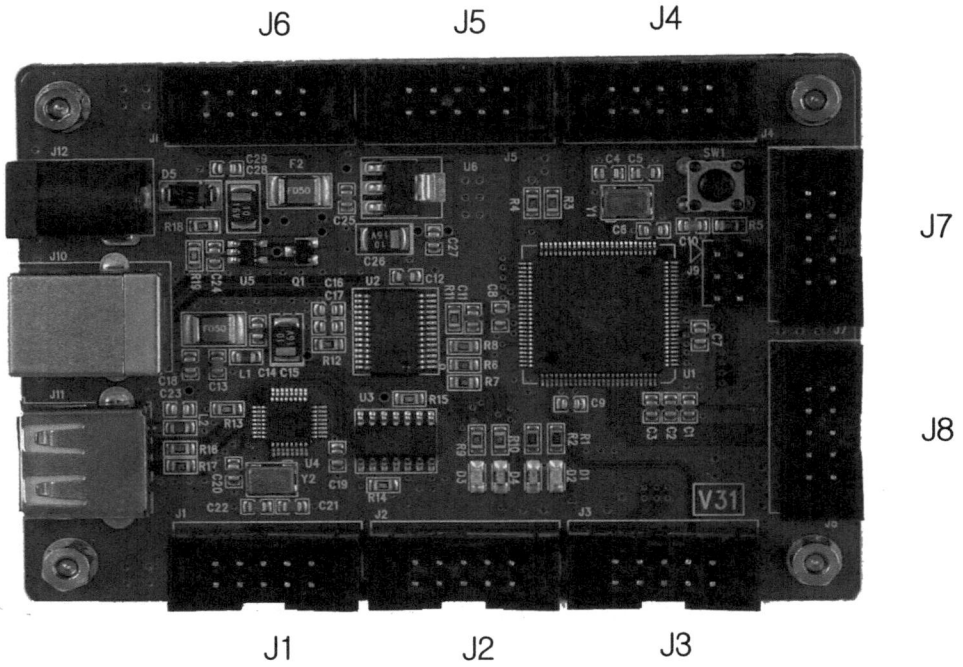

마. F-no Module 별 핀 구성

New Fno Arduino Module Connecter 및 Pin 번호 조견표

Main CON	PIN	ARD PIN	CPU PIN	DIO	MOTOR	LCD	7SEG	RTC-H	ZigBEE	ADC	RELAY	U-SONIC	PWM	RF-ID
J1	1	PIN0	PE0(RXD0)											
	2	PIN1	PE1(TXD0)											
	3	PIN2	PE4		M1-DIR1									
	4	PIN3	PE5		M1-DIR2									
	5	PIN4	PG5		M1-PWM									
	6	PIN5	PE3		M2-DIR1									
	7	PIN6	PH3		M2-DIR2									
	8	PIN7	PH4		M2-PWM									
	9	VCC5	VCC5											
	10	GND	GND											
J2	1	PIN8	PH5						RESET				SERVO	
	2	PIN9	PH6										BEEP	
	3	PIN10	PB4											
	4	PIN11	PB5											
	5	PIN12	PB6											
	6	PIN13	PB7											
	7	PIN14	PJ1(TXD3)						BTBee-RX					
	8	PIN15	PJ0(RXD3)						BTBee-TX			US-TRX		
	9	VCC5	VCC5											
	10	GND	GND											
J3	1	PIN16	PH1(TXD2)											
	2	PIN17	PH0(RXD2)											
	3	PIN18	PD3(TXD1)											
	4	PIN19	PD2(RXDI)											RF-ID
	5	PIN20	PD1(SDA)				7SEG	RTC-H						
	6	PIN21	PD0(SCL)				7SEG	RTC-H						
	7	PIN22	PA0											
	8	PIN23	PA1											
	9	VCC5	VCC5											
	10	GND	GND											
J4	1	PIN24	PA2	LED1										
	2	PIN25	PA3	LED2										
	3	PIN26	PA4	LED3										
	4	PIN27	PA5	LED4										
	5	PIN28	PA6	KEY1										
	6	PIN29	PA7	KEY2										
	7	PIN30	PC7	KEY3										
	8	PIN31	PC6	KEY4										
	9	VCC5	VCC5											
	10	GND	GND											
J5	1	PIN32	PC5								RELAY			
	2	PIN33	PC4								RELAY			
	3	PIN34	PC3											
	4	PIN35	PC2											
	5	PIN36	PC1											
	6	PIN37	PC0											
	7	PIN38	PD7											
	8	PIN39	PG2											
	9	VCC5	VCC5											
	10	GND	GND											
J6	1	PIN40	PG1			LCD-RS								
	2	PIN41	PG0			LCD-EN								
	3	PIN42	PL7			LCD-D4								
	4	PIN43	PL6			LCD-D5								
	5	PIN44	PL5			LCD-D6								
	6	PIN45	PL4			LCD-D7								
	7	PIN46	PL3											
	8	PIN47	PL2											
	9	VCC5	VCC5											
	10	GND	GND											
J7	1	PIN48	PL1											
	2	PIN49	PL0											
	3	PIN50	PB3(MISO)											
	4	PIN51	PB2(MOSI)											
	5	PIN52	PB1(SCK)											
	6	PIN53	PB0(SS)											
	7	AREF	AREF											
	8	nRESET	nRESET											
	9	VCC5	VCC5											
	10	GND	GND											
J8	1	ADC0	PF0(ADC0)							CDS				
	2	ADC1	PF1(ADC1)							VR				
	3	ADC2	PF2(ADC2)											
	4	ADC3	PF3(ADC3)											
	5	ADC4	PF4(ADC4)											
	6	ADC5	PF5(ADC5)											
	7	ADC6	PF6(ADC6)											
	8	ADC7	PF7(ADC7)											
	9	VCC5	VCC5											
	10	GND	GND											

03

바. 관계지식

아두이노란 무엇인가?

1. 아두이노의 탄생

마이크로프로세서는 하나의 칩(chip) 내에 기억, 연산, 제어장치 등으로 구성되어있고, 프로그램을 통해 컴퓨터의 다목적 기능을 수행할 수 있도록 만들어진 일종의 작고 간단한 컴퓨터입니다. 현재 사용하는 개인용 컴퓨터의 핵심 부품이 마이크로프로세서입니다. 마이크로프로세서는 컴퓨터뿐만 아니라 우리가 인식하지 않고 사용하는 거의 모든 가전제품 및 기계제품 등 많은 부분에 사용되고 있습니다. 정보기기인 휴대전화, 게임기, 프린터뿐만아니라 가전제품인 텔레비전, 냉장고, 세탁기, 청소기와 기계장치인 자동차, 항공기, 산업용 로봇, 의료장비 등도 마이크로프로세서를 사용하여 사용자의 편리성을 제공하고 있습니다.

현대사회에서 없어서는 안 되는 마이크로프로세서는 전자공학이나, 컴퓨터공학을 전공한 공학자들의 전유물이었습니다. 이처럼 공학자의 전유물이던 마이크로프로세서가 획기적인 전환기를 맞게 되었습니다. 공학자가 아닌 디자이너들이 마이크로프로세서를 사용하여 디자인에 접목시킨 것입니다. 아두이노(Arduino)는 삼성전자가 한국의 디자인 발전을 위해 설립한 디자인학교인 SADI(Samsung Art & Design Institute)와 비슷한 이탈리아 IDII(Interaction Design Institute Ivrea)에서 인터랙션 디자인(Interaction Design)[1]을 가르치기 위해 개발한 마이크로프로 컨트롤러 플랫폼(Microcontroller platform)입니다. 이처럼 아두이노는 디자이너와 아티스트들이 전자기술을 사용한 프로토타입(prototype)을 만들어 간단하고 빠른 방법으로 테스트하여, 아이디어와 그 표현에 집중하여 사람과 물체간의 경험을 통해 아름다움을 실현할 있게 하였습니다. 그래서 아두노이드 프로젝트의 공동 창립자인 마사모 벤지(Massimo Banzi)는 "엔지니어링은 A에서 B를 얻는 고정된 과정을 기반으로 하는 데 반해, 아두노이드 방식에는 그 과정에서 길을 잃고 C를 찾아낼 수 있다는 즐거움

---

1) 인터랙션 디자인(Interaction Design) : 서로 영향을 주고받는 모든 경험에 대한 디자인

이 있다"2)라고 했습니다.

아두이노의 가장 큰 장점은 마이크로 컨트롤러를 쉽게 동작시킬 수 있고, 하드웨어(hardware) 및 소프트웨어(software) 모두가 오픈소스(open source)로 이루어져 있다는 것입니다. 일반적으로 마이크로프로세서 프로그래밍은 컴퓨터에서 작성하고 컴파일(compile)하여, ISP 장치를 통해 업로드(upload)해야 하는 등 번거로운 과정을 거쳐야합니다. 그러나 아두이노는 오픈소스 통합 개발 환경(IDE) 통해 컴파일하고 USB를 통해 업로드를 쉽게 할 수 있습니다. 따라서 프로그래밍, 하드웨어 및 전자회로에 대한 기초 지식이 거의 없어도 인터넷을 사용하듯이 바로 적용할 수 있으며, 며칠만 재미삼아 가지고 놀다보면 간단한 전자공학의 원리와 프로그램이 눈에 쏙 들어옵니다.

아두이노는 하드웨어 및 소프트웨어 모두가 오픈소스로 이루어져 지속적인 성장을 하면서, 2010년 이후에는 프로젝트의 수가 급증을 하기 시작했습니다. 2011년 현재 전 세계에서 아두이노를 이용한 프로젝트의 수가 30만 개가 넘는다고 합니다. 아두이노는 마이크로컨트롤러 플랫폼으로서 커다란 커뮤니티(community)를 가지게 되었을 뿐 아니라, 개발을 쉽게 도와주는 오픈 IDE, 다양한 오픈 하드웨어와 골치 아픈 드라이버 및 운영체제 문제 등에 대한 해법을 가지고 있으면서도 매우 싼 가격으로 공급되고 있어 오픈소스 하드웨어 플랫폼으로써의 자리를 굳건히 지켜가고 있습니다. 또한, 이런 오픈소스와 커뮤니티의 활성화로 인해 다양한 아날로그 센서, 모터들과 같은 아두이노와 동조하는 하드웨어와 프로그램 들을 매우 쉽게 구할 수가 있습니다. 그리고 구글 I/O 2011에서 구글은 아두이노를 AOA(Android Open Accessory)의 하드웨어 플랫폼으로 공식 지정하였는데, 이를 통해 매우 다양한 안드로이드 지원 악세사리가 등장할 것으로 예상 됩니다. 구글의 안드로이드와 아두이노를 쉽게 연결할 수 있게 하면, 1억 대가 넘는 안드로이드 기기들을 매우 쉽게 지원하는 악세사리를 만들 수 있게 될 것이며, 다양한 센서와 모터 등을 포함한 액추에이터(actuator)들의 시장도 커지는 효과가 나타날 것입니다.

---

2) 마사모 벤지(Massimo Banzi). 「손에 잡히는 아두노이드」 2010, 인사이드

2. 아두이노의 특징

아두이노는 다음과 같은 특징으로 다른 플랫폼과 구별됩니다.

- 하드웨어와 소프트웨어 모두 오픈소스로 회로도와 프로그램을 무료로 다운로드할 수 있습니다. 따라서 부품을 구입하여 회로를 응용하여 새로운 플랫폼을 개발할 수도 있습니다.

- 하드웨어 및 소프트웨어가 오픈소스이기 때문에 사용자간 정보교환이 활발합니다. 따라서 아두이노를 활용한 프로젝트가 많고, 문제가 생기면 다른 사람으로부터 도움을 받을 수 있습니다. 아두이노 공식 홈페이지[3]를 통해 전 세계의 각 분야의 사람들이 서로 도와가며 아두이노 플랫폼을 배우고 있습니다.

- 하드웨어가 저렴합니다. 다른 마이크로프로세서보다 저렴한 3~4만원이면 USB 마이크로프로세서 보드를 구입할 수 있습니다.

- 오픈소스 통합 개발 환경(IDE)이 여러 가지 운영체제로 개발되어 지원합니다. 윈도, 매킨토시, 리눅스에서 실행 가능합니다.

- 최근 직렬포트(serial port)가 없는 컴퓨터가 많이 출시되기 때문에 USB 케이블을 통해 프로그램을 마이크로프로세서 보드로 업로드(upload)합니다.

- 사용하기 쉬운 개발환경이므로 전자공학이나 프로그래밍에 익숙하지 않은 사용자(아티스트, 디자이너, 미디어 음악가)들도 상호작용이 가능한 작품이나 설치물을 쉽게 만들 수 있습니다.

- 아두이노는 프로젝트 교육 환경으로 개발되었기 때문에, 초보자들도 짧은 시간의 교육으로 작동시켜 결과를 확인하고 응용할 수 있습니다.

- 아두이노 플랫폼에 키보드 대신 각종 센서들을 연결할 수 있고, 모니터 대신 LED나 모터와 같은 액추에이터(actuator)[4]를 통해 사람과 소통할 수 있는 작은 컴퓨터입니다. 그래서 아두이노를 사용하는 것을 피지컬 컴퓨팅(physical computing)이라고 합니다.

- Flash, Processing, Max/MSP, Pure Data과 같은 소프트웨어와 쉽게 연

---

3) 아두이노 공식 홈페이지 : http://www.arduino.cc
4) 액추에이터(actuator) : 전자 신호를 물리적인 동작으로 바꾸는 장치

동되어 스크린 베이스의 미디어 작품에도 쉽게 연동하여 사용할 수 있습니다.

사. 실습회로 접속의 실제

04장

F-no 실습(기본편)

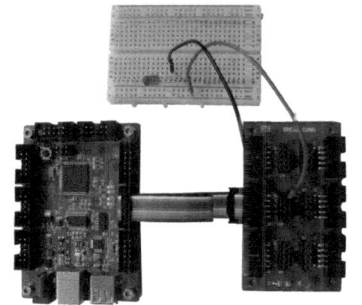

4.1 Arduino sketch 기초

가. 실습목표

이번 실습에서는 Arduino sketch 프로그램 형태의 가장 기본적인 코드를 익히는데 그 목표가 있습니다. sketch 의 가장 기본 구성인 setup()과 loop() 활용법을 예를 통해 알아보겠습니다.

나. 실습 구성

1. 실습부재

부품명	규 격	수 량
메인 모듈	Fno-ADK	1

2. 회로도

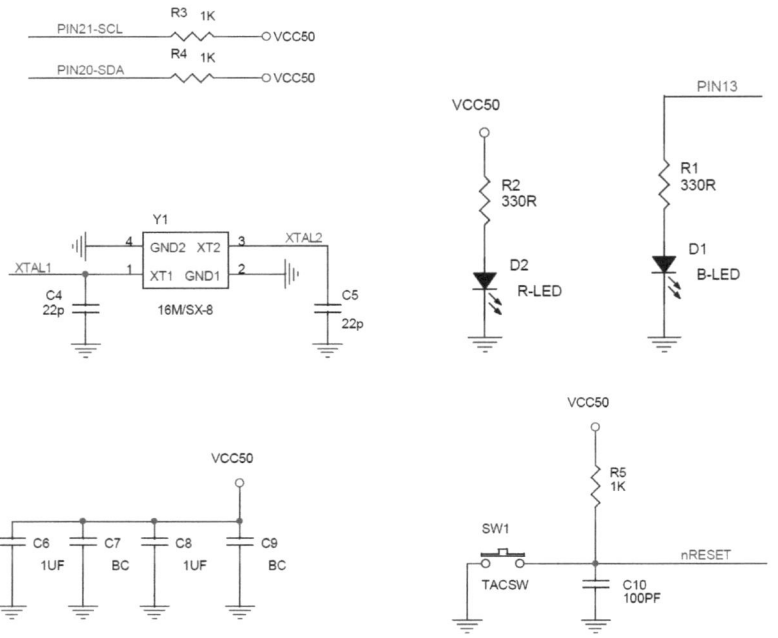

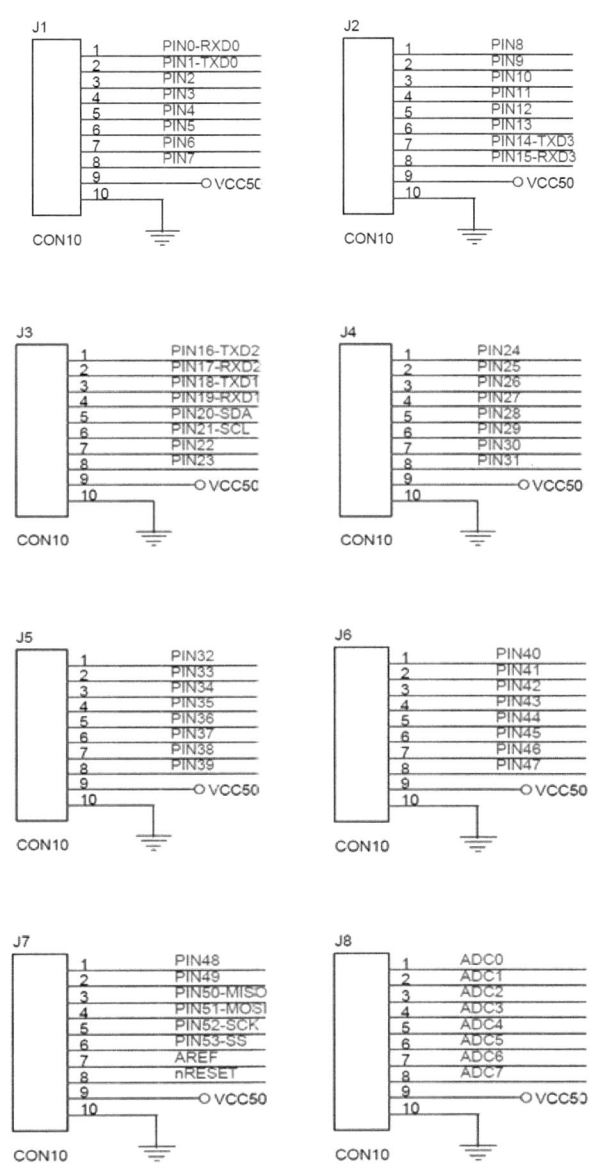

Fno-ADK Main 회로도(Port-Jumper)

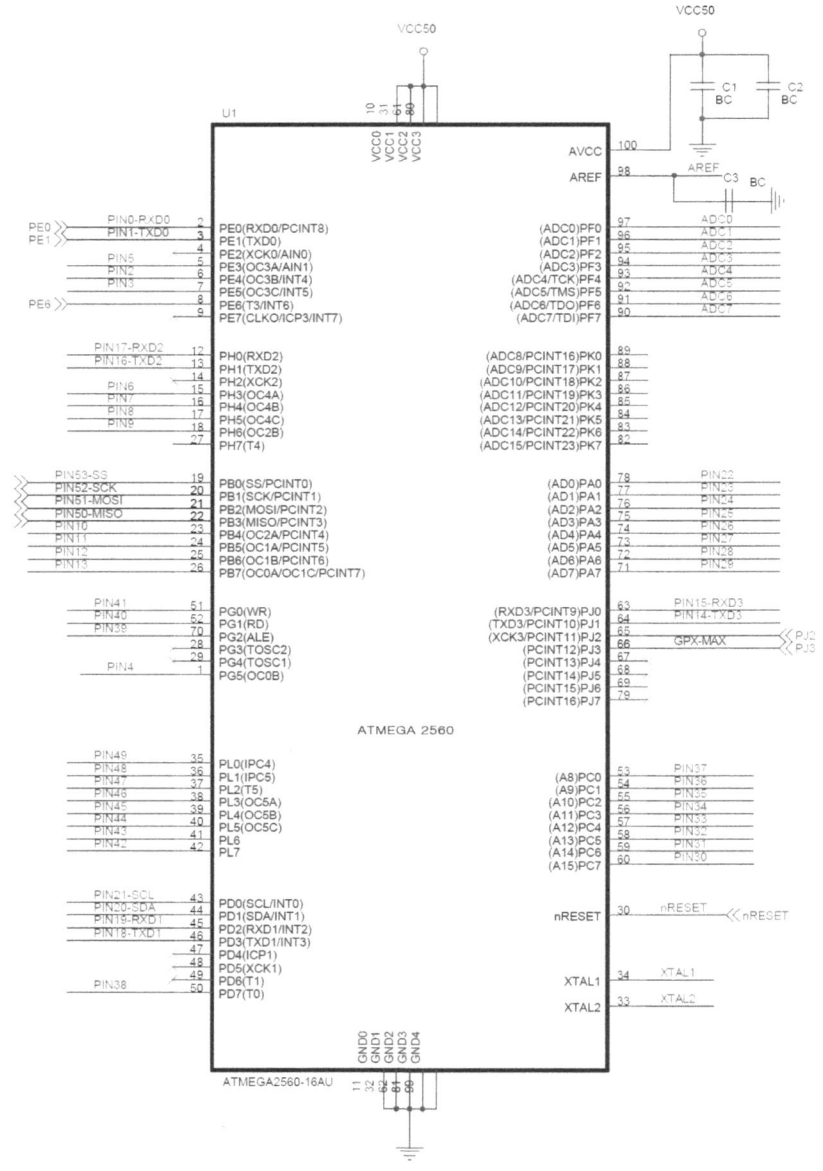

Fno−ADK Main 회로도(ATmega2560)

다. 관계지식

sketch 프로그램의 첫 시작은 setup() 설정부터 시작됩니다. setup()을 통해 변수 설정, 핀 모드 설정, 라이브러리 사용 등을 지정합니다. setup은 오직 한 번만 실행되며, 메인 모듈을 리셋하거나 전원을 올렸을 경우 실행됩니다.

setup 다음에 해야 하는 것은 loop()입니다. 이름에서 연상되는 것처럼 계속적으로 loop() 내의 프로그램을 반복하여 실행하고 그 결과를 연속적으로 보기는 기능을 합니다. 메인 모듈을 통한 모듈의 작동과 디스플레이 등은 모두 loop() 내의 프로그램 구문에 의해 동작됩니다.

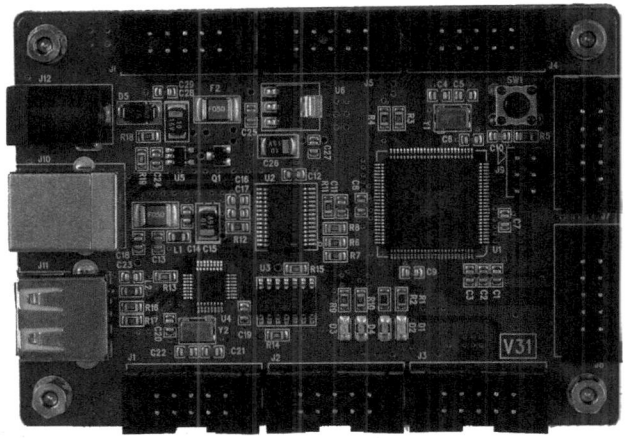

Fno-ADK Main Module

라. 실습프로그램 작성

```
void setup() {
  // 여기에 필요한 셋업 관련 코드를 입력한다;

}

void loop() {
  // 여기에 실제 반복구동하기 위한 코드를 입력한다;

}
```

마. 실습프로그램 설명

위와 같은 코드 구성이 arduino sketch 프로그램 구성의 가장 기본적인 패턴입니다.

4.2 시리얼 통신

가. 실습목표

프로그램의 형태는 대부분의 구성이 반복에 있습니다. 조건을 제시하고 그 조건에 맞는지 여부를 판단한 뒤, 그 실행 여부를 결정하여 반복하여 실행을 하는 형태입니다. 이번 시간에는 반복문 중에서 많이 활용하는 while 문과 for 문에 대하여 알아보겠습니다.

또한 컴파일 된 프로그램을 시리얼 모니터에서 확인하는 법도 익히도록 합시다.

나. 실습회로도 구성

1. 사용 재료 목록

부품명	규 격	수 량
메인 모듈	Fno-ADK	1

2. 회로도

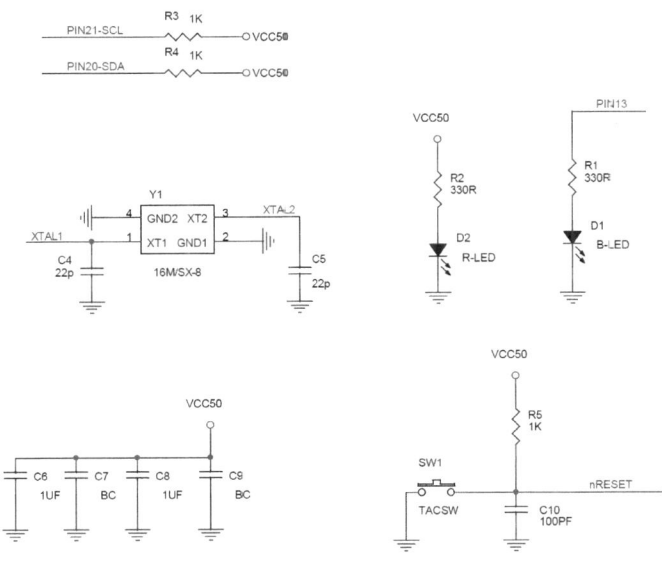

다. 관계지식

1. while 문

While은 조건문을 판별하여 조건이 거짓이 될 때까지 while 문 안에 있는 문장을 계속 수행합니다.

라. 실습프로그램 작성

```
/* 다음은 while 문을 활용한 예이다.
    어떠한 결과가 나오는가?*/
void setup()
{
  // Open serial connection to report values to host
  Serial.begin(9600);
  Serial.println("Starting up");
}

void loop()
{
  int Count;
  Count=0;

  while (Count<101)
  {
    Count=Count+1;
    Serial.print("num : ");
    Serial.println(Count);
  }

  delay(1000);
}
```

```
/* 다음은 for 문을 활용한 예 이다.
    어떠한 결과가 나오는가?*/
void setup()
{
  // Open serial connection tc report values to host
  Serial.begin(9600);
  Serial.println("Starting up");
}

void loop()
{
  int Count;

  for (Count=0;Count<101;Count++)
   {
     if (Count<= 99)
   {
     Serial.print("num : ");
     Serial.println(Count);
    }
     else
     Serial.print("end add");
   }

  delay(1000);
}
```

바. 실습프로그램 설명

프로그램에서 가장 많이 사용하는 반복문을 예를 들어 프로그램 하였습니다. Serial.print( )의 기능과 명령문의 활용에 공부할 수 있는 프로그램 문장입니다.

4.3 LED 작동 프로그램

가. 실습목표

LED는 다양한 형태에서 사용되기 때문에 키트에 포함되어 있습니다. 이번 실습에서는 간단한 LED on/off 동작 실습을 할 것입니다. 이번 실습을 통해 sketch의 기본적인 프로그램 구성 방식 또한 같이 숙지합니다. 모듈의 LED를 동작하기 위해서는 프로그램 업로드가 필요합니다. 메인 보드를 USB Port에 연결합니다. 포트 연결 방법은 F-no 핀 구성표의 그림을 참고하세요.

나. 실습회로도 구성

1. 사용 재료 목록

부품명	규 격	수 량
메인 모듈	Fno-ADK	1
LED 버튼	Digital IO Mo.	1

2. 회로도

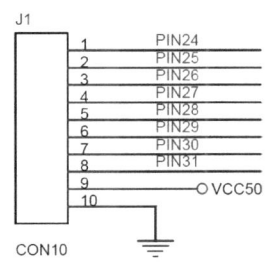
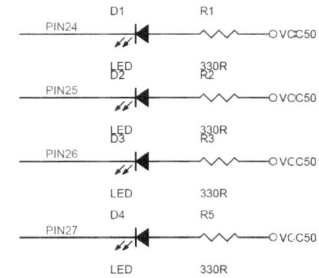

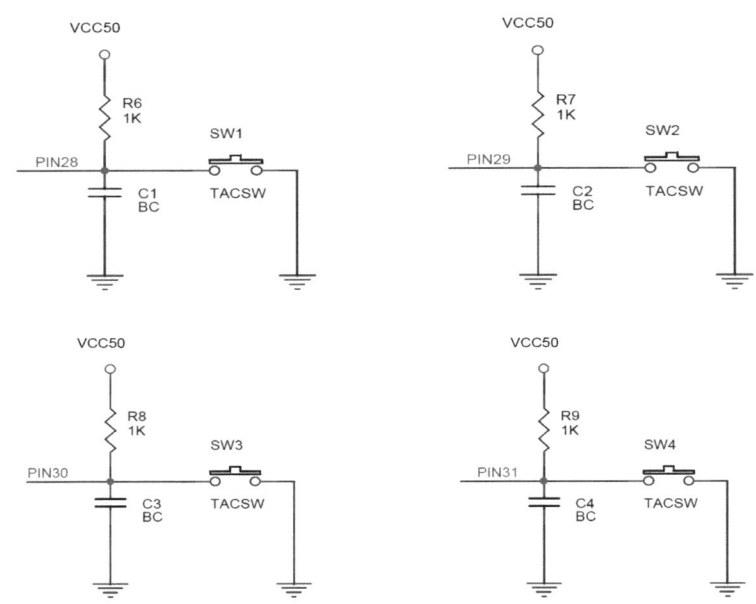

Digital IO Module

다. 관계지식

코드 구성

1. 프로그램 구성에 있어 처음에 할 일은 모듈의 LED 출력 핀을 설정하는 일입니다.

　　pinMode(6, OUTPUT);

2. 다음에 메인 loop안에 LED를 켜는 문구를 설정합니다.

　　digitalWrite(6, LOW)

이렇게 하면 6번 핀으로 최고 전압이 5V의 전류가 공급됩니다. 이때 LED에 전압차가 발생되면서 불이 켜지게 됩니다. 그렇다면 LED를 끄기 위한 문구는 다음과 같이 설정합니다.

　　digitalWrite (6, HIGH)

이렇게 하면 반대로 전압이 0V가 공급이 되면서 LED는 불이 꺼지게 됩니다.

3. 각 상황의 유지 시간을 설정하는 방법은 delay ();를 사용하여 결정합니다. ()사이에 원하는 만큼의 타임을 설정하여 실행 문구의 바로 다음 줄에 설정

하면 그 시간만큼 위 문구 후 다음 문구가 실행될 때까지 설정한 시간만큼의 시간 유지가 됩니다. 1000=1초입니다.
delay(1000);   // 1초 동안 동작하라.

- 본 'Digital IO' 모듈은 앞장 회로도에서 보는 바와 같이 기본 회로구성이 '풀업저항'으로 구성이 되어 있어서 소스 작성 시 'HIGH'일 때 소등이 되고, 'LOW'일 때 점등이 됩니다. '풀다운'으로 설계 된 회로는 반대의 로직으로 움직입니다. 이는 회로의 초기 상태에 관한 것이므로 설계자의 다양한 상황 판단에 따른 것이라고 볼 수도 있습니다. 다시 말해 스위치를 올렸을 때를 점등으로 할 것이냐 내렸을 때를 점등으로 할 것이냐 하는 것과 같은 의미로 이해하면 됩니다.

- 실행되지 않을 때
  프로그램 업로드가 되지 않을 때 : 이 문제는 가끔 발생합니다 당황히 하지마세요. 가장 많은 원인은 포트 설정이고 그 다음은 아래의 메뉴를 변경시켜 봅니다.
    도구→시리얼 포트→Com X
  ·팁 : 보통 맨 밑(높은 수)의 것으로 선택

라. 실습회로 접속의 실제

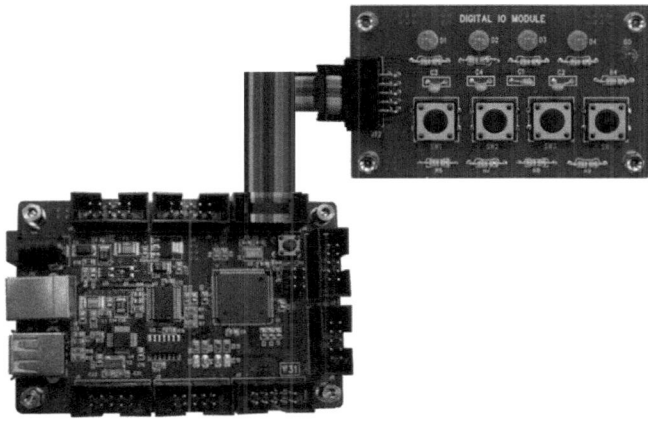

마. 실습프로그램 작성

```
/* 1초 동안 LED를 켜고 바로 1초 동안 LED를 끄는 동작을 반복하라.
   이 예제는 arduino.cc에서 공개 다운로드 받을 수 있다. */
// Jumper num J4
// constants won't change. They're used here to
const int ledPin1 =  24;        // 1번 LED 핀 설정

void setup() {
  // F-no의 DIO 모듈의 4개의 LED 출력 핀은 24 , 25, 26, 27로 설정되어
    있다. 그 중 한 개만 설정한다.
  //LED 출력
    pinMode(ledPin1, OUTPUT);

}
void loop() {
  digitalWrite(ledPin1, HIGH);    // LED 소등
  delay(1000);                    // 1초 상태 유지
  digitalWrite(ledPin1, LOW);    // LED 점등
  delay(1000);                    // 1초 상태 유지
}
```

바. 실습프로그램 설명

LED를 점멸하는 간단한 프로그램입니다. 1초 간격으로 LED가 켜짐과 꺼짐을
반복할 것입니다.

사. 응용과제

① 핀 변경

첫 번째 LED의 동작에 성공하였다면 다른 LED도 각각 실행시켜 보세요.

② 깜빡이는 시간 변경

digitalWrite(ledPin, HIGH);

```
delay(time on);
    // (seconds * 1000)
digitalWrite(ledPin, LOW);
delay(time off);
    // (seconds * 1000)
```

③ LED 밝기 조정

아두이노를 digital로 제어할 수도 있고, analog로 제어할 수도 있습니다.
loop() 함수의 { } 내의 코드를 변경해보세요.

analogWrite(ledPin, new number);

- (new number)=0~255 사이의 수
- 0=on, 255=off, 1~254=밝기

4.4 온·습도 모니터링 프로그램

가. 실습목표

본 실습의 목표는 실내 환경 감시를 위한 모니터링 프로그램을 구현하는 것입니다.

주변의 Temp&Humid&rtc 모듈의 온습도 센서에서 나오는 값을 메인 모듈과 연결된 컴퓨터의 모니터에 디스플레이 하는 프로그램을 통해 센서 사용법을 알아봅시다.

나. 실습회로도 구성

1. 사용 모듈

부품명	규 격	수 량
메인 모듈	Fno-ADK	1
온습도 모듈	Temp&Humid&rtc Module	1

2. 회로도

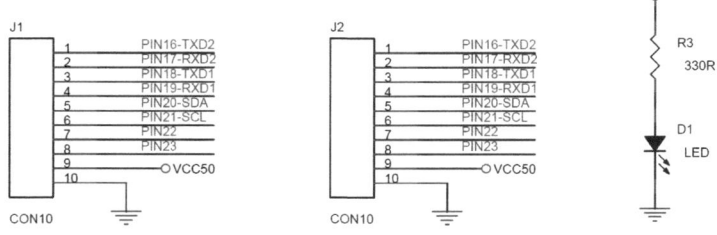

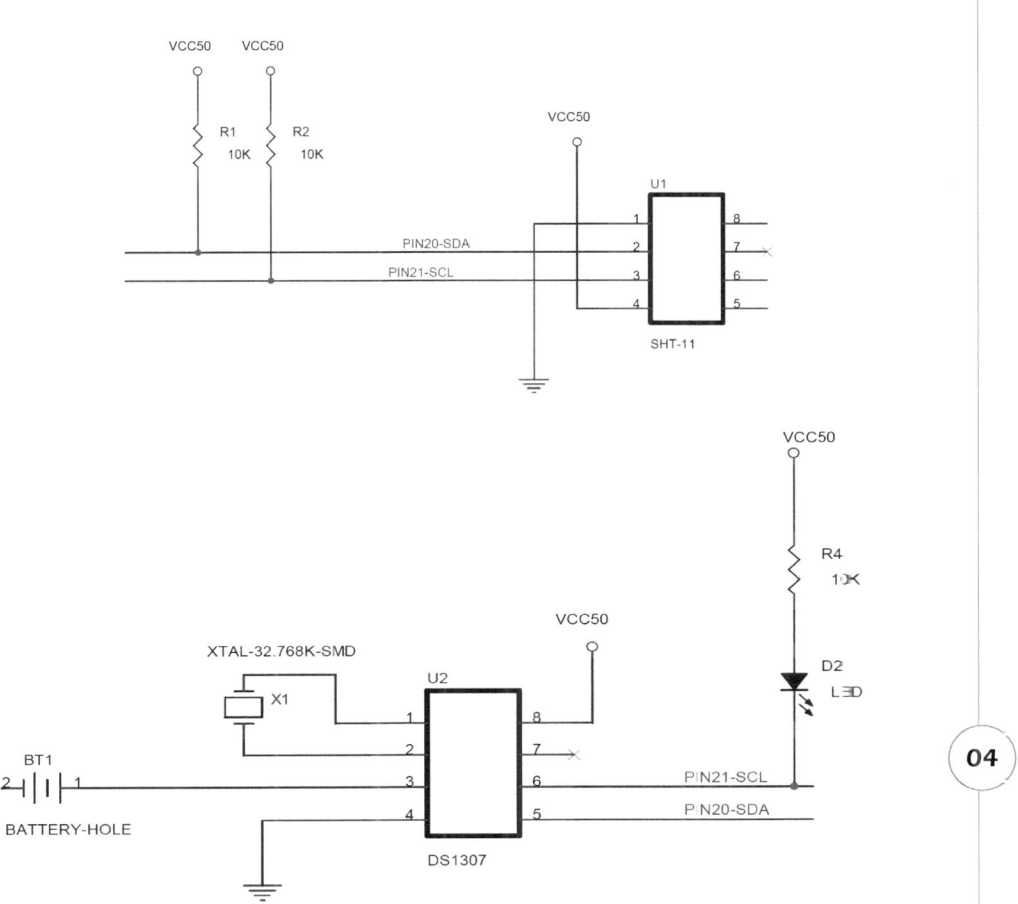

Temp&Humid&rtc Module

다. 관계지식

이 모듈에서 는 SHT11 온습도 센서를 사용하고 있으며 온습도를 빠르고 정확하게 측정하는 어플리케이션에서 사용됩니다.

센서 사양

12-bit 또는 14-bit 포맷으로 온도 표시(-40 to +100℃, 상온기준 +/-0.5℃)

8-bit 또는 12-bit 분해능 습도 표시(+/- 3% 정확도)

RTC는 컴퓨터의 메인보드에 내장된 CMOS와 같은 기능을 하는 칩으로
외부에 32.768Khz 크리스탈과 3V 배터리를 달아 MCU나 외부의 전원이
없어도 계속 시간을 카운팅해 유지하는 특성을 가지고 있습니다.

DS1307(RTC IC) 특징

달력의 특성을 고려하여 시간을 카운팅합니다.

2100년까지 월의 마지막 날짜를 자동 조정합니다.

24시모드, AM/PM 모드 활용가능

데이터 저장용 56byte 비휘발성 램내장

2개의 선을 가지는 직렬 인터페이스(I²C)(TWI)

조정가능한 구형파 출력

자동으로 전력 차단을 감지하고 배터리 모드로 회로를 스위치 합니다.

작동온도 −40℃ to +85℃

8−pin DIP 또는 SOIC 타입이 있음

시간외 날짜 또는 다른 데이터 저장 가능하고 MCU와 2개의 선만 연결하
면 되므로 여러 주변장치를 달았을 때 회로가 비교적 간단하게 구성될 수
있어 온습도나 시간 등 환경 모니터용 시스템이 많이 활용됩니다.

라. 실습회로 접속의 실제

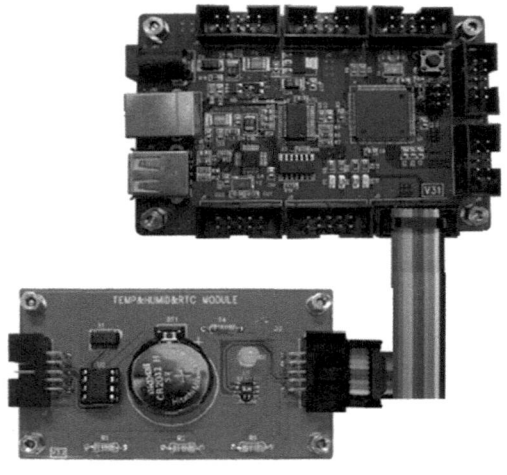

마. 실습프로그램 작성

```
// Jumper num J3

#include <SHT1x.h>

#define dataPin   22
#define clockPin 23
SHT1x sht1x(dataPin, clockPin);

/* #include는 프로그램 상에서 필요한 파일을 포함할 때 사용하는 대드적인
선행처리 지시자로 본 프로그램에서는 SHT1x.h 파일을 불러들이려고 사용한
다.
#define 전처리기 지시자라고 하며 아래의 경우 dataPin과 clockPin은 20번
핀과 21번 핀에서 나오는 데이터를 대신하여 프로그램안에서 활동하는 일종의
상수 역할을 하게된다 */

void setup()
{
   // Open serial connection to report values to host
   Serial.begin(9600);
   Serial.println("Starting up");
}

void loop()
{
   float temp_c;
   float temp_f;
   float humidity;

   // Read values from the sensor
   temp_c = sht1x.readTemperatureC();
   temp_f = sht1x.readTemperatureF();
   humidity = sht1x.readHumidity();

   // Print the values to the serial port
   Serial.print("Temperature: ");
```

```
        Serial.print(temp_c, DEC);
        Serial.print("C / ");
        Serial.print(temp_f, DEC);
        Serial.print("F. Humidity: ");
        Serial.print(humidity);
        Serial.println("%");
        delay(2000);
    }
```

바. 실습프로그램 설명

온도센서가 온도를 읽어 아두이노 결과 출력창에 현재의 온도를 출력합니다.

사. 응용과제

① Voltage 출력하기

간단하게 한 줄만 바꾸면 된다. 센서에서 1℃당 10mV를 출력합니다.
voltage를 얻기 위해 getVoltage()의 결과를 표시하면 됩니다.
delete the line temperature=(temperature−.5)*100;

② Serial 속도 바꾸기

현재 9600bps 속도를 사용하고 있다. 아래와 같이 코드를 바꿔봅시다.
　Serial.begin(9600);→Serial.begin(115200);
Serial 속도가 9600bps에서 115200으로 12배 빨라졌습니다.

4.5   CHAR LCD 제어 프로그램

가. 실습목표

이번 실습에서는 LCD 화면에 텍스트를 보여 주는 프로그램을 구성하는 실습입니다. 메인 모듈과 연결된 LCD 모듈을 활용하기 위해서 프로그램 상에서 설정하는 법을 배우기 위한 실습입니다.

나. 실습회로도 구성

1. 사용 재료 목록

부품명	규 격	수 량
메인 모듈	Fno-ADK	1
LCD 모듈	CHAR LCD Module	1

2. 회로도

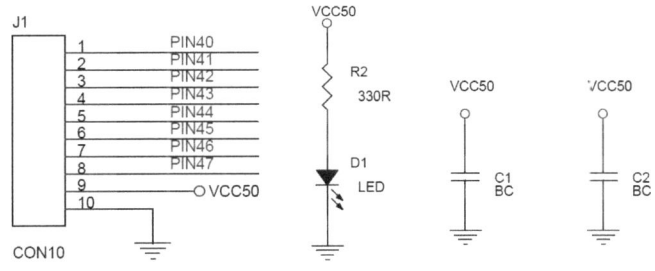

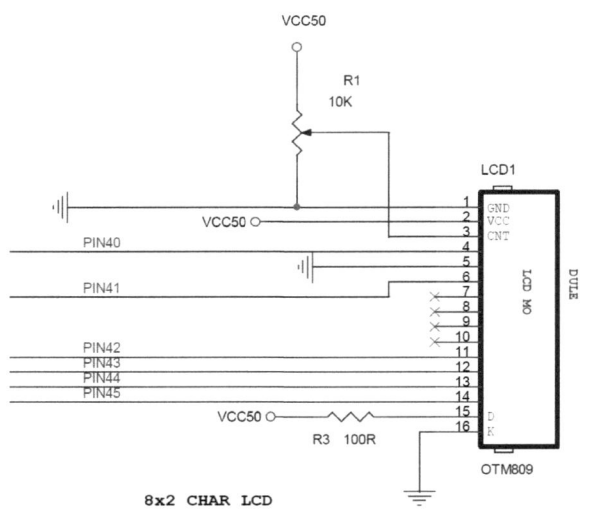

CHAR LCD MODULE

다. 관계지식

1. LCD 사양

Display construction : 8 Characters * 2 Lines

Display mode : STN(Y/G)

Display type : Positive Transflective

Backlight : LED/4.2V

Viewing direction : 6 o'clock

Operating temperature : −20 to 70℃

Storage temperature : −30 to 80℃

Controller : SPLC780D or Eequivalence

Driving voltage : Single power

Driving method : 1/16 duty, 1/5 bias

Type : COB (Chip On Board)

Number of data line : 4/8−bit parallel

Connector : PIN

2. 기술적 데이터

ITEM		WIDTH	HEIGHT	THICKNESS	UNIT
Module size		58.0	32.0	13.5(MAX)	mm
Viewing area		39.0	16.0	−	mm
character	Construction	5*7			dots
	Size	2.96	5.56	−	mm
	Pitch	3.55	5.94	−	mm
Dot	Size	0.56	0.66	−	mm
	Pitch	0.60	0.70	−	mm
Diameter of mounting hole		Φ2.5			mm
Weight		About 50			g

라. 실습회로 접속의 실제

마. 실습프로그램 작성

```
// Jumper num J6
// character LCD example code

#include <LiquidCrystal.h>

// Connections:
// rs (LCD pin 4) to Arduino pin 12
// enable (LCD pin 6) to Arduino pin 13
// LCD pins d4, d5, d6, d7 to Arduino pins 14, 15, 16, 17)
LiquidCrystal lcd(40, 54, 41, 42, 43, 44, 45);

void setup()
{
  //pinMode(backLight, OUTPUT);
  // HIGH : 백라이트 on, LOW : 백라이트 off
  //digitalWrite(backLight, HIGH);
  lcd.begin(8,2);              // 8열 2줄 LCD 활용 시작
  lcd.clear();                 // LCD 화면 비움
  lcd.setCursor(0,0);          // 0, 0 윗줄 시작
  lcd.print("Hello");     // 따옴표 사이에 원하는 글을 적는다.
  lcd.setCursor(0,1);           // 0, 1 아랫줄 시작
  lcd.print("FDCREATE");

  //당신이 4개의 열을 가진 LCD를 활용할 경우 엔 (0, 2), (0, 3)식으로 변
    경하면 3열과 4열의 수행이 가능하다.
  //and change the lcd.begin() statement above.
  //lcd.setCursor(0,2);
  //lcd.print("Row 3");
  //lcd.setCursor(0,3);
  //lcd.print("Row 4");
}
void loop()
{
}
```

바. 실습프로그램 설명

LCD를 아두이노 보드와 연결하여 LCD 화면에 출력하는 프로그램입니다.

사. 응용과제

LCD의 첫 줄에는 본인의 학번, 둘째 줄에는 영문 이름을 써 봅시다.

4.6 조도 측정 프로그램

가. 실습목표

아두이노 보드에 Shift Register를 사용하면 3개의 핀으로 8개의 출력을 나타
낼 수 있습니다. 3개의 핀은 data, clock, latch로 사용합니다. clock이 뛸 때,
data를 1비트씩 읽어 들입니다. 이를 반복적으로 8비트를 읽게 되고, latch가
뛸 때, 8비트가 출력됩니다. 복잡하게 들리겠지만, 한번 이해하면 정말 간단합
니다.

나. 실습회로도 구성

1. 사용 재료 목록

부품명	규 격	수 량
메인 모듈	Fno-ADK	1
조도 센서	AD TEST Module	1

2. 회로도

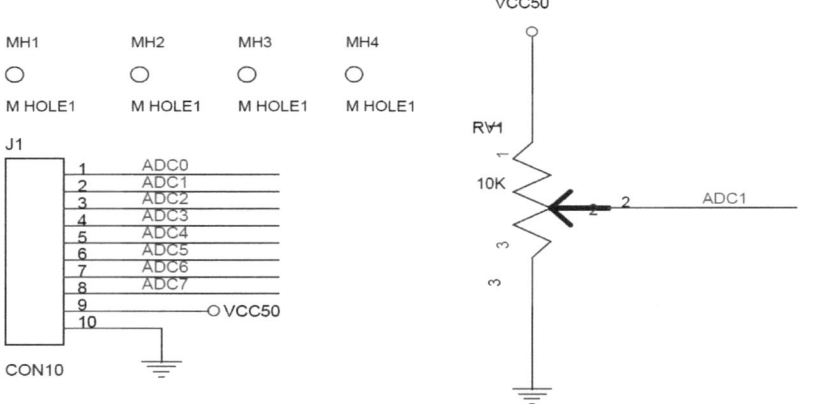

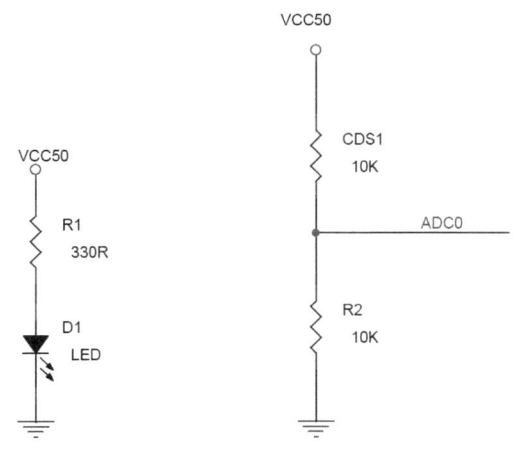

AD TEST Module

다. 관계지식

Cds는 황화카드뮴을 주성분으로 한 광도전 소자의 일종으로 빛의 크기에 따라 내부 저항 값이 변하는 일종의 가변저항입니다. 다시 말해서 광도전 효과를 이용해서 만들어진 광 가변저항 센서입니다.

최대 감도 파장은 500~700nm이며, 응답시간은 10~100ms로 포토트랜지스터에 비해 응답 특성은 떨어집니다. 그렇지만 가격이 저렴하고 내구성이 좋으며 구성 회로가 간단한 특성 등으로 인해서 가로등의 자동 점멸기, 카메라 노출계, 자동차의 자동 라이트 제어기 등 산업계 전반에 걸쳐서 폭넓게 쓰이고 있습니다.

센서 모듈의 CDS1은 빛을 차단하면 값이 변화되고, RV1은 가변 저항이그로 부품 가운데 → 모양을 작은 드라이버 등을 이용해서 돌려보면 저항 값이 변화되는 것을 확인할 수 있을 것입니다.

라. 실습회로 접속의 실제

마. 실습프로그램 작성

```
// Jumper num J8
// These constants won't change.  They're used to give names
// to the pins used:
const int cdsInPin = A0;     // 조도센서 아날로그 입력핀 설정
const int analogInPin = A1;  // 포텐쇼 메타 아날로그 입력핀 설정

int sensorValue = 0;     // value read from the pot
int cdsValue = 0;        // value read from the pot
void setup() {
  // 시리얼 포트 속도 설정:
  Serial.begin(9600);
}

void loop() {
  // read the analog in value:
  sensorValue = analogRead(analogInPin);
  cdsValue = analogRead(cdsInPin);
  // map it to the range of the analog out:
```

```
    // print the results to the serial monitor:
    Serial.print("sensor = " );
    Serial.println(sensorValue);
    Serial.print("cds = " );
    Serial.println(cdsValue);

    // wait 10 milliseconds before the next loop
    // for the analog-to-digital converter to settle
    // after the last reading:
    delay(1000);
  }
```

바. 실습프로그램 설명

실내 조도를 측정하기 위한 프로그램 구성을 보여 줍니다.

사. 응용과제

스케치 프로그램의 시리얼 모니터창을 열고 센서모듈의 RV1과 CDS1의 값을
비교하여 봅시다.

04

4.7 7-Segment 카운팅 프로그램

가. 실습목표

본 실습은 7−segment를 활용하여 숫자를 계속적으로 숫자를 카운트 하는 프로그램입니다.

나. 실습회로도 구성

1. 사용 재료 목록

부품명	규 격	수 량
메인 모듈	Fno−ADK	1
7−세그먼트 모듈	7−Segment Module	1

2. 회로도

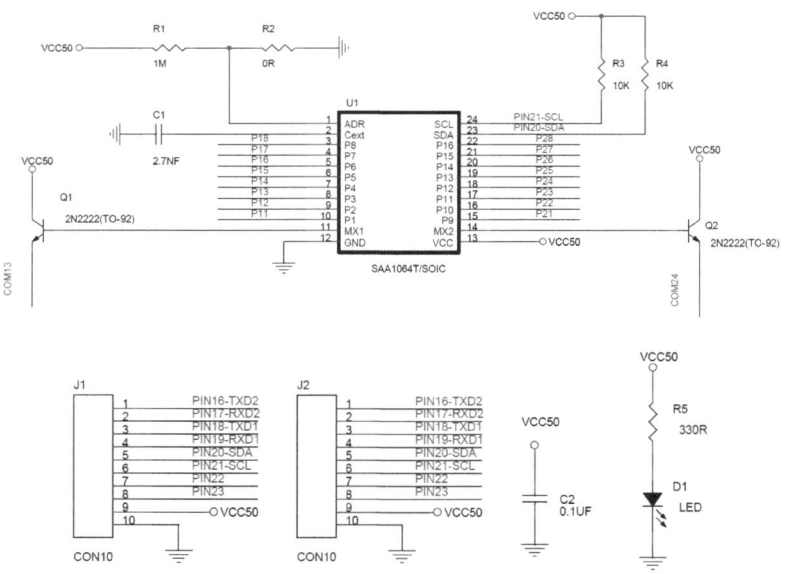

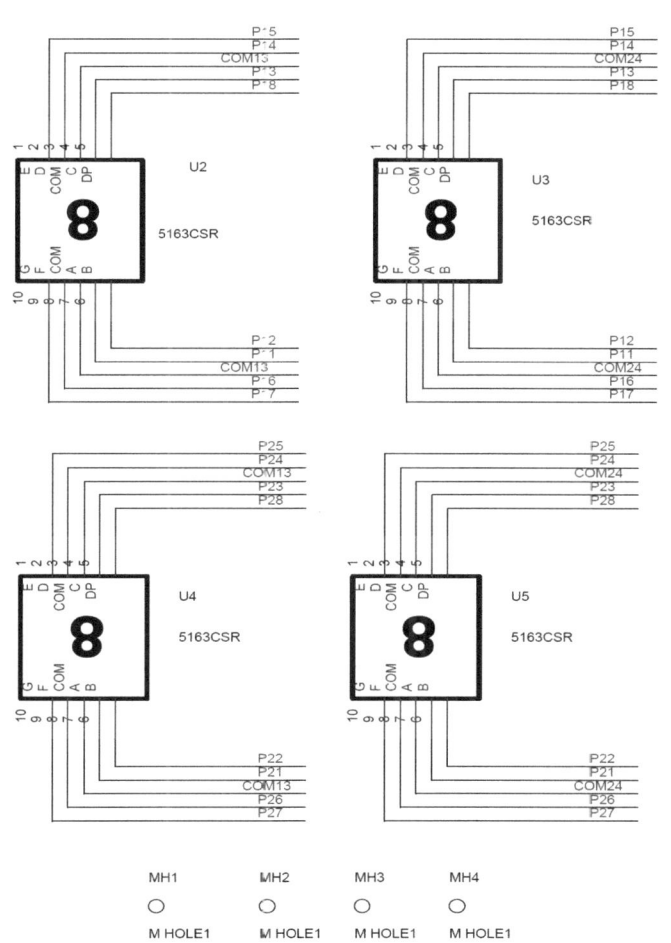

다. 관계지식

7-Segment : 표시 장치의 일종으로, 7개의 획으로 숫자나 문자를 나타낼 수 있습니다. 비슷한 역할을 하는 점 행렬에 비해 단순하기 때문에 전자회로의 내부적인 수치를 보여 주는 데 자주 사용됩니다.

7세그먼트 표시 장치는 7개의 선분(획)으로 구성되어 있으며, 위와 아래에 사각형 모양으로 두 개의 가로 획과 두 개의 세로획이 배치되어 있고, 위쪽 사각형의 아래 획과 아래쪽 사각형의 위쪽 획이 합쳐진 모양입니다. 가독성을 위해 종종 사각형을 기울여서 표시하기도 합니다. 7개의 획은 각각 꺼지거나 켜질 수 있으며 이를 통해 아라비아 숫자를 표시할 수 있습니다. 몇몇 숫자(0, 6, 7, 9)는 둘 이상의 다른 방법으로 표시가 가능합니다.

7세그먼트 표시 장치의 각 획은 맨 위쪽 가로획부터 시계 방향으로, 그리고 마지막 가운데 가로 획까지 각각 A부터 G까지의 이름으로 불립니다. 소수를 나타내기 위해서 숫자의 오른쪽 아래에 소숫점(DP)이 붙는 경우도 있습니다.

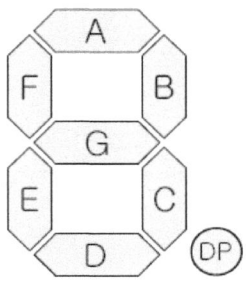

라. 실습회로 접속의 실제

마. 실습프로그램 작성

```
// Jumper num J3

#include <Wire.h>

void setup()
{
  Wire.begin();              // join I²C bus (address optional for master)
  delay(500);
}
void loop()
{
  const int lookup[10] = {0x3F,0x06,0x5B,0x4F,0x66,
                          0x6D,0x7D,0x07,0x7F,0x6F};
  int Count, Thousands, Hundreds, Tens, Base;
  Wire.beginTransmission(0x38);     //전송시작 전 주소를 설정
  Wire.write((byte)0);                //일바이트 문자집합을 전송
  Wire.write(B01000111);
  Wire.endTransmission();

for (Count=0;Count<=9999;Count++)
{
    Wire.beginTransmission(0x38);
    Wire.write(1);
    Base = Count-((Thousands*1000)+(Hundreds*100)+(Tens*10));
    Tens = (Count-((Thousands*1000)+(Hundreds*100)))/10;
    Hundreds = (Count-(Thousands*1000))/100;
    Thousands = Count/1000;


    Wire.write(lookup[Thousands]);
    Wire.write(lookup[Hundreds]);
    Wire.write(lookup[Tens]);
    Wire.write(lookup[Base]);

    Wire.endTransmission();
    delay(100);
  }
}
```

바. 실습프로그램 설명

4개 조합의 7-Segment를 활용하여 0~9999까지 순차적으로 카운트하는 프로그램입니다.

사. 응용과제

4개 조합의 7-Segment를 활용하여 9999~0까지 역 순차적으로 카운트하는 다운 카운트 프로그램을 작성해 봅시다.

4.8 DC 모터 제어 프로그램

가. 실습목표

이번에는 모터 제어 관해 알아보자. 실습내용은 모터에 가하는 전원의 on/off 시간을 조절하여 모터의 속도를 제어하는 방식입니다.

나. 실습회로도 구성

1. 사용 재료 목록

부품명	규 격	수 량
메인 모듈	Fno-ADK	1
모터 모듈	DC Motor Module	1

2. 회로도

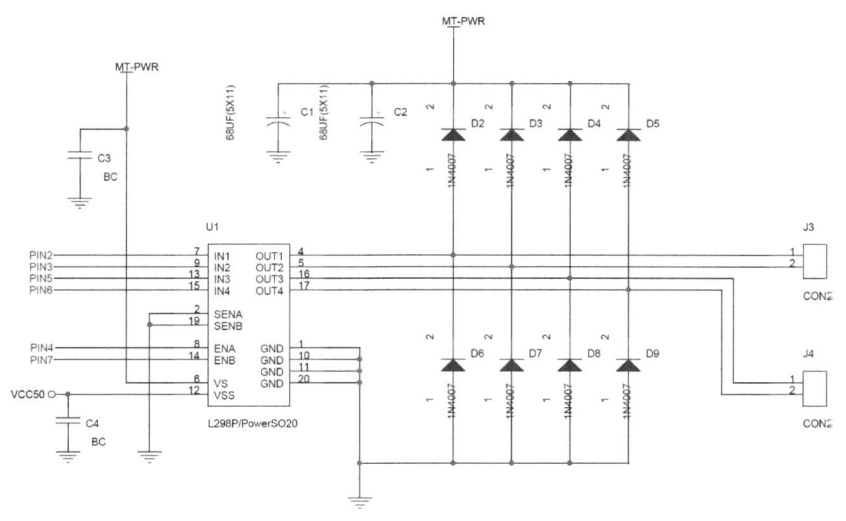

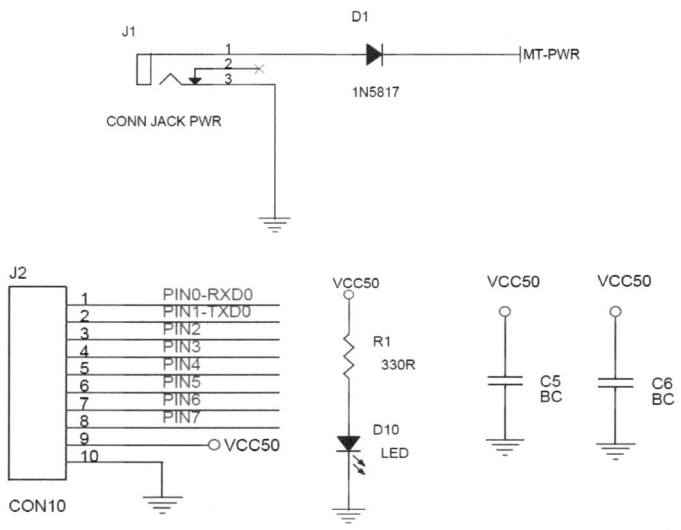

DC MOTOR MODULE

다. 관계지식

본 실험 장치의 모터 모듈은 별도의 모터 전원을 인가해야 합니다. 모터 모듈의 C1, C2의 전해콘덴서 용량(표시전압)을 참고해서 사용하는 모터를 선정하고, 그에 맞는 DC 전압을 별도로 아답터를 이용하여 인가합니다. Fno AKD 메인 모듈에서 기본 제공 되고 있는 전원은 DC 5V, 1A 이므로 이는 모터 모듈 자체 전원을 위한 것이고, 이와 별도로 모터 구동 전원을 모터 모듈에 있는 DC 공급 잭을 통하여서 별도로 인가하여야 하는 것입니다. 참고로 Fno ADK 메인 모듈의 DC전원 잭의 규격과 모터 모듈에 있는 DC 전원 잭의 규격은 다릅니다.

라. 실습회로 접속의 실제

마. 실습프로그램 작성

```
// Jumper num J1

#define MOT1DIR1      2
#define MOT1DIR2      3
#define MOT1PWM       4
#define MOT2DIR1      5
#define MOT2DIR2      6
#define MOT2PWM       7
void setup() {
    pinMode(MOT1DIR1, OUTPUT);
    pinMode(MOT1DIR2, OUTPUT);
    pinMode(MOT1PWM, OUTPUT);
    pinMode(MOT2DIR1, OUTPUT);
    pinMode(MOT2DIR2, OUTPUT);
    pinMode(MOT2PWM, OUTPUT);
    digitalWrite(MOT1DIR1, HIGH);
    digitalWrite(MOT2DIR1, HIGH);
}
```

```
void loop() {
  digitalWrite(MOT1DIR1,LOW);
  digitalWrite(MOT1DIR2,HIGH);
  digitalWrite(MOT2DIR1,LOW);
  digitalWrite(MOT2DIR2,HIGH);
  //모터파워는 digitalWrite가 아닌 analogWrite로
  digitalWrite(MOT2PWM,HIGH);
  delay(1000);
  digitalWrite(MOT2PWM,LOW);
  delay(500);
  digitalWrite(MOT1PWM,HIGH);
  delay(1000);
  digitalWrite(MOT1PWM,LOW);
  delay(500);
}
```

바. 실습프로그램 설명

단순히 모터의 전원을 on/off하는 디지털 방식의 제어 프로그램입니다.

사. 응용과제

모터 회전 속도를 서서히 증가 하고 다시 서서히 감소하도록 작성해 봅시다.

4.9 PWM 모터 제어 프로그램

가. 실습목표

이번에는 서보 모터를 사용하여 서보 모터를 제어하는 프로그램을 구성하여 봅시다. 아두이노 보드에 Shift Register를 사용하면 3개의 핀으로 8개의 출력을 나타낼 수 있습니다. 3개의 핀은 data, clock, latch로 사용한다. clock이 뜰 때, data를 1비트씩 읽어 들입니다. 이를 반복적으로 8비트를 읽게 되고, latch가 뜰 때, 8비트가 출력됩니다. 복잡하게 들리겠지만, 한번 이해하면 정말 간단합니다.

나. 실습회로도 구성

1. 사용 재료 목록

부품명	규 격	수 량
메인 모듈	Fno-ADK	-
서보 모듈	PWM Servo Module	-

2. 회로도

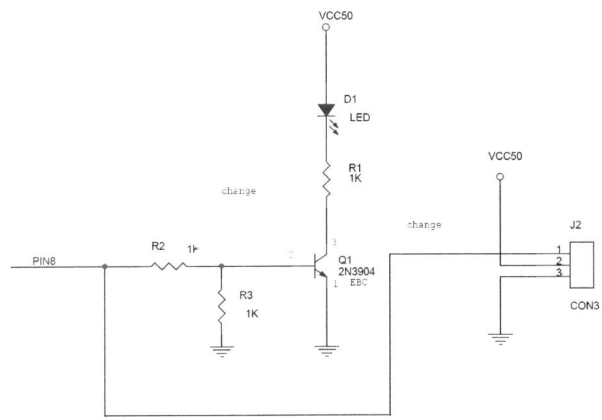

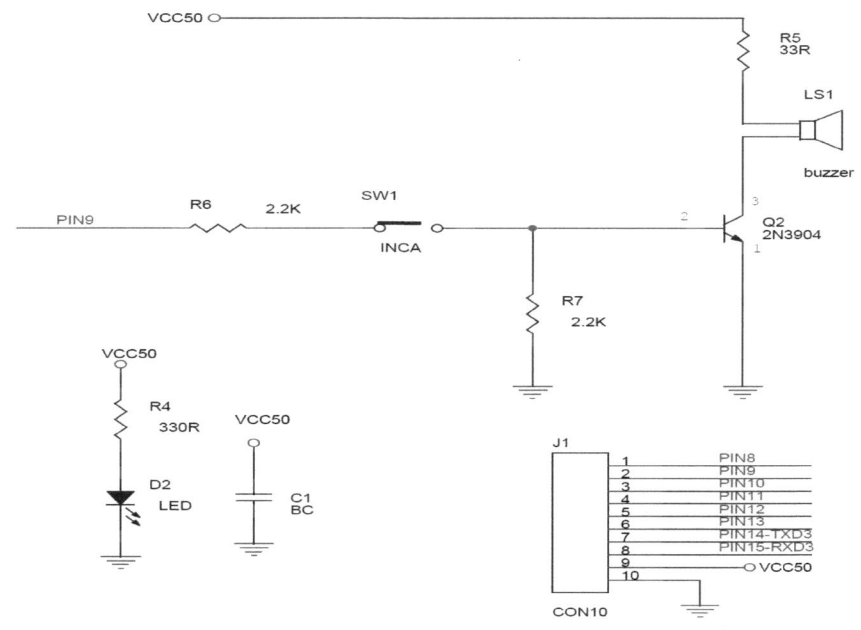

PWM Servo Module

다. 관계지식

디지털 회로에서 시프트 레지스터(shift register)는 선형 방식에 설치된 프로세서 레지스터의 그룹이며 회로가 활성화 되었을 때 데이터를 아래로 이동시키는 라인 같은 입출력으로 서로 연결되어 있습니다.

Shift Register는 핀 부족 문제를 초저가로 해결해 줄 수 있는 부품입니다. 핀 세개를 잘 컨트롤 해주면 8개의 출력을 만들어 낼 수 있습니다.

Shift Register는 직렬 입력, 병렬 출력(SIPO)와 병렬 입력, 직렬 출력(PISO) 형태를 포함하여 직렬과 병렬의 입출력 조합을 가지고 있습니다. 여기에는 직병렬 입력을 가지고 직병렬 출력을 지닌 형태가 있습니다. 또한 시프트 레지스터의 방향을 다양하게 할 수 있는 양방향성 시프트 레지스터도 있습니다. 그리고 레지스터의 직렬 입력과 출력은 원 시프트 레지스터를 만들기 위해 서로 연결할 수도 있습니다. 하나의 시프트 레지스터는 다중 크기의 시프트 레지스터를 만들 수 있어서, 더 복잡한 연산을 수행할 수 있습니다.

Piezo Sensor는 주파수를 음계로 바꿔 줍니다. 이를 이용하면 작곡을 해 볼 수 있습니다.

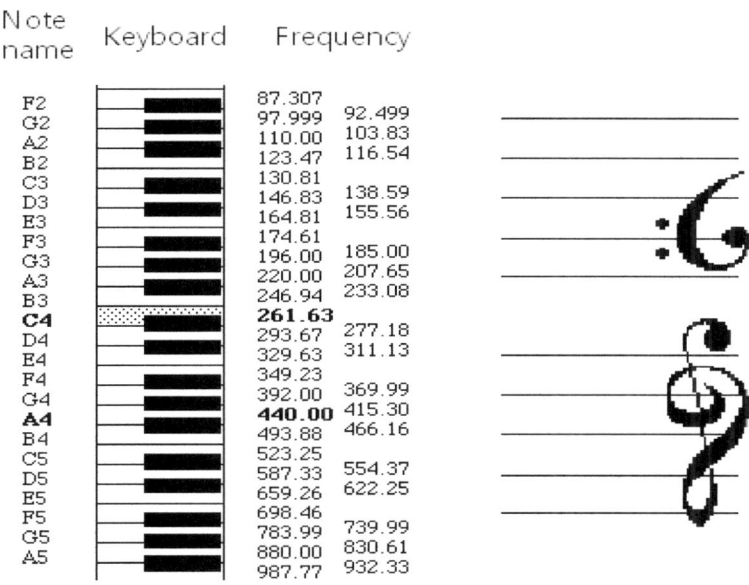

아두이노 주파수 별 음계

라. 실습회로 접속의 실제

마. 실습프로그램 작성

```
// Jumper num J2
// 단, 서보모터를 별도로 준비를 해야 하므로 Piezo 센서를 통한 소리 실습
을 한다.
// constants won't change. They're used here to
// set pin numbers:

const int pwmpin1 = 8;  // Servo Motor, LED 1
const int pwmpin2 = 9;  // Piezo(Buzzer), LED 2

int hz = 0;



void setup() {
  // initialize the LED pin as an output:
  pinMode(pwmpin1, OUTPUT);
  pinMode(pwmpin2, OUTPUT);
}
void loop(){
  digitalWrite(pwmpin1, HIGH);
  delay(400);
  digitalWrite(pwmpin1, LOW);
  delay(400);

  hz += 10;

  tone(pwmpin2,hz);
  delay(100);
  if(hz == 2000)
    noTone(pwmpin2);
}
```

바. 실습프로그램 설명

Shift Register를 활용하여 모터로 가는 출력을 조절하여 모터의 속도를 제어하고 방향을 제어합니다.

* 실습 도중 시끄러우면 모듈의 슬라이드 스위치 SW1을 꺼 둡시다.

사. 응용과제

아두이노 음계를 이용해서 나만의 노래를 연주 및 작곡 해 봅시다.

4.10 릴레이 제어 프로그램

가. 실습목표

다음은 간단한 프로그램으로 릴레이를 제어하는 프로그램 입니다. 릴레이에 연결되는 전자 기기의 전원을 on/off하는 형태의 제어를 통해 여러 가지 기능을 수행하므로 많이 활용되는 형태입니다.

나. 실습회로도 구성

1. 사용 재료 목록

부품명	규 격	수 량
메인 모듈	Fno-ADK	1
릴레이 모듈	RELAY Module	1

2. 회로도

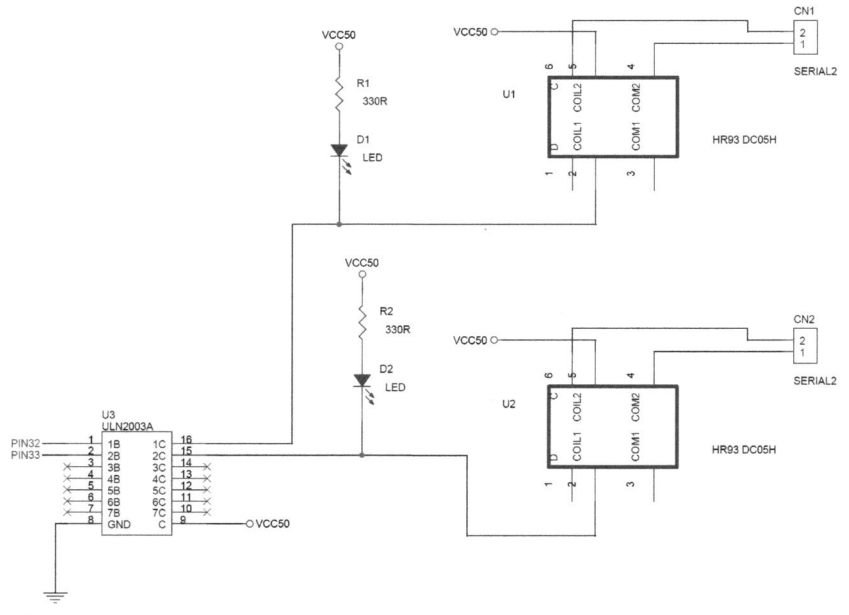

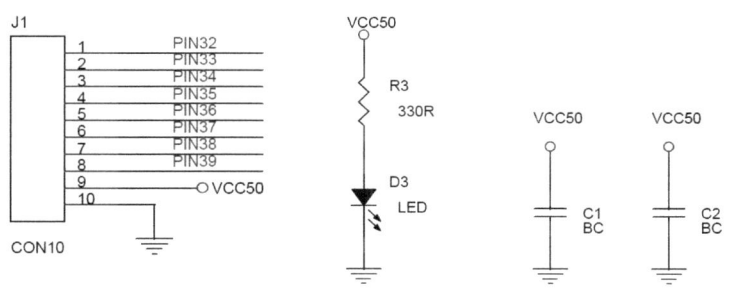

RELAY Module

다. 관계지식

Relay(계전기) : 한 회로(전압을 가한 회로)의 전류변동을 이용하여 다른 회로 (계전기)의 전류를 원격조정하거나 자동 제어하는 전자 스위치입니다.

예를 들면 솔레노이드에 전압을 걸어준 다음 스위치나 회로차단기를 열거나 닫 으면 철심이 움직입니다. 많은 계전기에는 기능상 보호 장치가 달려 있습니다. 최초의 계전기는 옛 전신계전기로 보고 있는데, 이것은 전압이 가해진 회로에 서 전류가 접촉점을 갖고 있는 전기자를 움직여 음향기 회로를 닫는 구조로 되 어 있습니다. 보다 빠른 진공관이나 트랜지스터가 나오기 전 초기 컴퓨터 설계 에서는 계전기가 중시되었습니다. 또 계전기는 철도 폐색신호에도 쓰이는데, 전압이 걸린 계전기가 차축(車軸)을 통해 단락(短絡)함으로써 전원이 끊어집니 다.

04

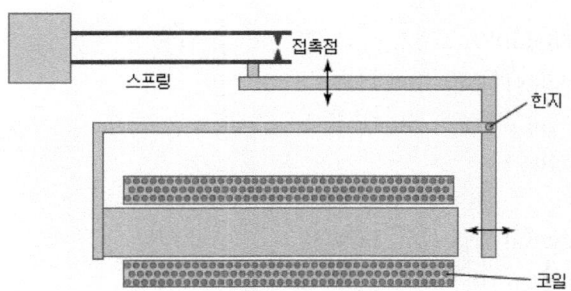

라. 실습회로 접속의 실제

마. 실습프로그램 작성

```
// Jumper num J5

void setup( ) {

    // initialize the digital pin as an output.
    pinMode(32, OUTPUT);
    pinMode(33, OUTPUT);

}
void loop( ) {

    digitalWrite(32, HIGH);
    delay(1000);
    digitalWrite(33, HIGH);
    delay(1000);

    digitalWrite(32, LOW);
    delay(1000);
    digitalWrite(33, LOW);
    delay(1000);

}
```

바. 실습프로그램 설명

일정시간마다 릴레이의 동작을 on/off하는 프로그램입니다.

사. 응용과제

릴레이(스위치)의 활용처에 대해 생각해 봅시다.

4.11 초음파 센서를 활용한 거리측정

가. 실습목표

거리를 측정하는 센서로 가장 많이 활용하는 센서가 초음파 센서입니다. 본 실습은 초음파 센서를 활용하여 거리를 측정하는 프로그램을 구현하여 아날로그 타입의 센서로부터 신호를 읽어 들이는 원리를 알아봅시다.

나. 실습회로도 구성

1. 사용 재료 목록

부품명	규 격	수 량
메인 모듈	Fno-ADK	1
초음파 모듈	ULTRASONIC MODULE	1

2. 회로도

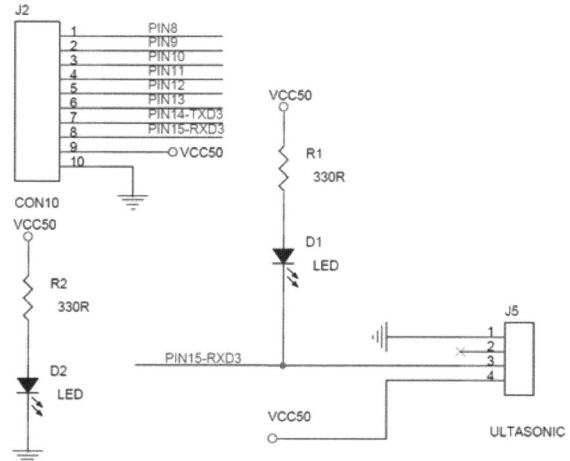

ULTRASONIC MODULE

다. 관계지식

초음파 센서란?

보통 사람이 들을 수 있는 음파는 가청 주파수라고 부르는 약 20Hz~20KHz 범위의 주파수를 말합니다. 이 범위보다 더 높은 주파수를 가진 음파를 초음파라고 합니다. 이렇게 높은 주파수를 가진 음파는 낮은 주파수의 음파보다 에너지를 많이 가지고 있어서 더 멀리까지 전달되며 감쇠가 더 적은 물리적 성질을 가집니다. 따라서 이 성질을 이용해서 수심을 재는 초음파 측정기, 어군 탐지기 등을 만든다던지 물체의 유무나 물체까지의 거리를 재는 계측기를 만들 수 있는 것이다. 일반적인 초음파 센서 모듈에는 송신부(T)와 수광부(R)가 한 쌍으로 이루어져 있는 게 특징입니다.

작동원리는 송신부에서 발사된 초음파가 물체에 맞고 다시 반사되어 돌아오면 수광부의 센서에 의해서 이 초음파를 받게 되는데 이때 송신부와 수신부의 시간을 계산해서 물체까지의 거리를 측정하게 됩니다.

라. 실습회로 접속의 실제

마. 실습프로그램 작성

```
// Jumper num J2
int cnt;
int dummcnt;
long Distance;
long Tempture;
unsigned long duration;
int pin = 15;

void setup() {
    Serial.begin(9600);
    Tempture = 25;

    pinMode(pin,OUTPUT);
    digitalWrite(pin, LOW);

    cnt = 0;
}

void loop() {
    delay(1000);
    pinMode(pin,OUTPUT);
    digitalWrite(15,HIGH);
    delayMicroseconds(10);
    digitalWrite(15,LOW);
    pinMode(pin,INPUT);
    duration = pulseIn(pin, HIGH);

    Distance = (331.5 + 0.607 * Tempture) * ( duration * 0.001 / 2 );


    Serial.print("value (mm) = ");
    Serial.println(Distance);

}
```

바. 실습프로그램 설명

초음파 센서 모듈을 활용하여 거리를 측정하는 시스템을 구현합니다.

사. 응용과제

초음파 센서를 이용해서 주변사물의 크기를 재어 보고 이를 실제 값과 비교해
봅시다.

4.12 Bluetooth 통신

가. 실습목표

이번 실습은 Fno-ADK 모듈에 블루투스 모듈을 연결하여 블루투스 통신을 하기위한 베이스 프로그램 구성을 만드는 과정 입니다. 블루투스 모듈을 인식시키고 블루투스에서 나오는 데이터를 PC의 시리얼 모니터에 디스플레이 시켜 현재 주고받는 데이터를 확인할 수 있도록 합니다. 블루투스 모듈은 HC-06을 사용하고 있으며 연결 핀 구성은 하드웨어는 데이터 케이블은 J2번과 연결하고 프로그램 상의 핀 설정은 BTBee RX는 PIN14번, BTBee TX는 PIN 15번으로 설정합니다.

나. 실습회로도 구성

1. 사용 재료 목록

부품명	규 격	수 량
메인 모듈	Fno-ADK	1
블루투스 모듈	BTBEE & ZIGBEE MODULE	1

2. 회로도

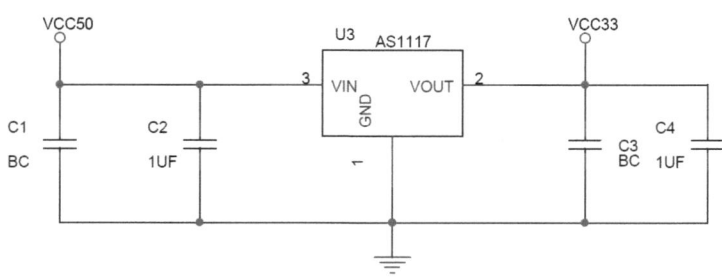

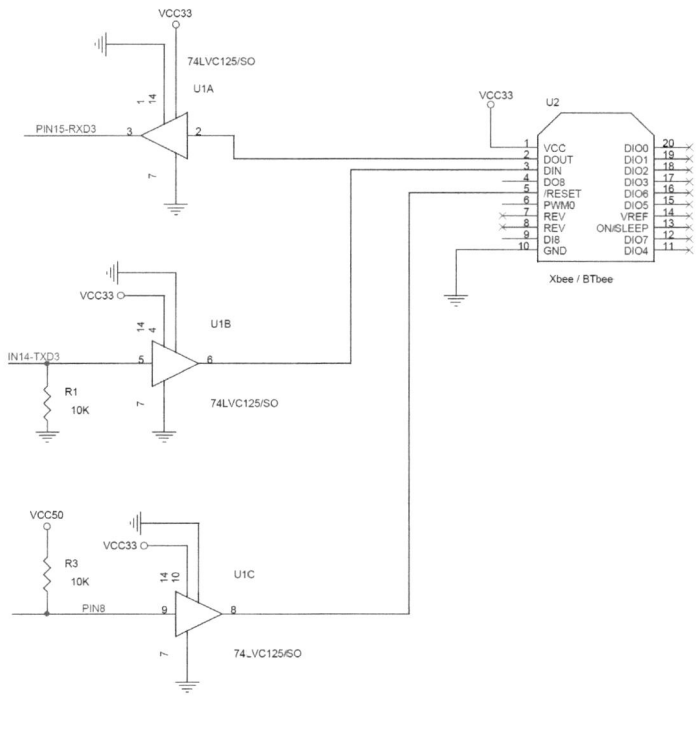

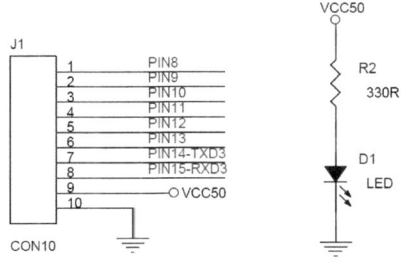

다. 관계지식

블루투스 모듈

블루투스는 디지털 무선 신호를 이용하여 10미터 안팎의 초단거리에 있는 주변 기기를 저전력으로 연결 해주고 주파수 대역 2400~2483.5MHz 범위의 79개 채널을 사용합니다. 버전은 현재 4.0까지 나왔습니다.

초창기 블루투스의 전송속도는 1Mbps에 불과했지만 블루투스 2.0(2004년)은 최대 3Mbps, 블루투스 3.0(2009년)은 최대 24Mbps까지 속도가 올라갔으며 블루투스 4.0이 등장하면서 속도는 24Mbps를 유지하면서 소비전력까지 낮추게 되었습니다.

4.0(Bluetooth Low Energy, 일명 BLE) 블루투스 : 기술표준화단체인 '블루투스 SIG'가 2009년 발표한 최신 근거리무선통신기술 사양을 말한다. 이전 기술인 블루투스 3.0은 전송 속도를 높이는데 집중한데 반해 4.0은 전력소비를 작도록 했다. 블루투스 3.0이 15~20mW 전력을 소모했던 것에 비해 블루투스 4.0의 전력소비량은 1.5~2mW에 그쳐 전력소모량을 최대 최대 90%까지 줄였다. 따라서 블루투스 4.0을 채택한 제품들은 동전 모양의 초소형 배터리로 수년 이상 사용 가능하기 때문에 무선기기뿐 아니라 스포츠와 피트니스, 보안, 홈 엔터테인먼트 등 다양한 분야에서 출시될 것으로 예상되고 있다.

[블루투스 버전별 비교]

	1.2	2.0 2.0EDR	2.1 2.1EDR	3.0	3.0 HS	4.0
속도	0.1 MB/초	0.3 MB/초	0.4 MB/초	0.4 MB/초	3 MB/초	1 MB/초
소비전력	────────────────────────────────────▶				적다	
보안성	────────────────────────────────────▶				좋다	

[무선 통신 비교해보기]

	ZigBee	Bluetooth	Wi-Fi	NFC	IrDA
대역 폭	20, 40, and 250 Kbit/s	<1.0 Mbit/s	11, 54 Mbit/s	424 Kbit/s	20-40, 115Kbit/s, 4, 16Mbit/s
전송거리	<100m	<10m	<100m	<0.2m	<10m(line of sight)
소비전력	Very low	Low	High	Low	Low
네트워크 규모	32000	1 to 7	<10	1	1
네트워크 타입	Ad-hoc	Ad-hoc	Point to hub	Poin to Point	Point to Point
시스템의 복잡성	Low	Low	High	High	Low
비용	Low	Low	High	High	Low

시리얼 데이터 전송용 모듈로 슬레이브 모듈은 블루투스 동글이나 안드로이드 스마트폰 등과 같은 블루투스(마스터) 장치와 연결할 때 사용됩니다.

마스터 모듈은 전원이 연결되면 블루투스 모듈 HC-06(슬레이브)와 연결이 됩니다.

단, 이 실험을 위해서는 안드로이드 휴대폰에 블루투스 앱(Fno 장비와 함께 제공)을 다운받아 설치를 하고 실행을 해야합니다.

사양

- EDR 블루투스 2.0, 2Mbps−3Mbps 변조
- 2.4GHz 안테나 내장
- 외부 8Mbit FLASH
- 3.3V 저전압 동작
- 옵션 PIO 제어
- 표준 HCI 포트(UART)
- SMD 배치 프로세스로 모듈
- RoHS 규제 절차
- 디지털 2.4GHz 무선 송신
- CSR BC04 블루투스 칩 기술
- 크기(27mm×13mm×2mm)
- 블루투스 클래스 2 전력 레벨
- 보관 온도 : −40 +85도, 작동 온도 : −25으로 75도

라. 실습회로 접속의 실제

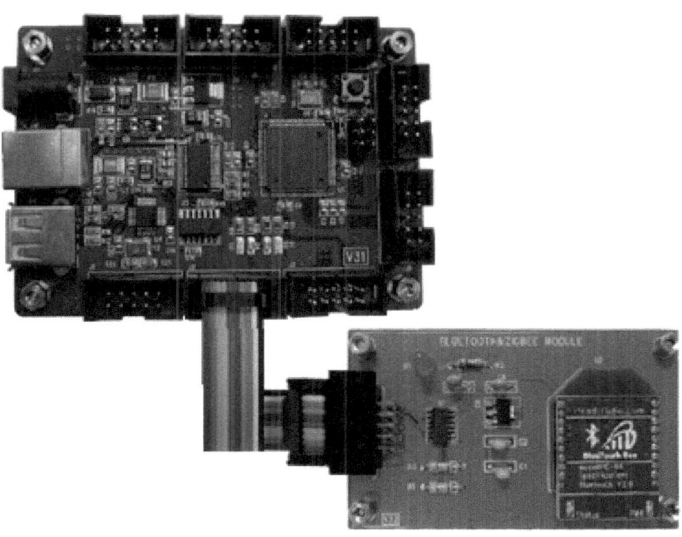

마. 실습프로그램 작성

```
// Jumper num J2

int incomingByte;
void setup()
{
    // set the data rate for the SoftwareSerial port
    Serial3.begin(9600);
    Serial.begin(9600);
    Serial.println("Bluetooth Connection Test");
    Serial.println("Send Data By Serial Teminal");

    digitalWrite(9, HIGH);

}


void loop() {

    if(Serial3.available() > 0   )
    {
        incomingByte = Serial3.read();

        //echo the data by bluetooth
        Serial.print("Recv d: ");
        Serial.println(incomingByte+1, DEC);
    }
```

바. 실습프로그램 설명

메인모듈에 블루투스 모듈을 연결하여 시리얼 통신을 위한 구성을 합니다.

사. 응용과제

스마트폰 앱과 연동을 해서 다른 기기를 제어해 봅시다.

4.13 RFID 응용 프로그램

가. 실습목표

모듈내의 소자 활용이외에도 여러 가지 소자를 활용하기 위해서 활용합니다.
RF-ID과 메인 모듈을 연결하여 응용 프로그램을 구성하여 봅시다.

나. 실습회로도 구성

1. 사용 재료 목록

부품명	규 격	수 량
메인 모듈	Fno-ADK	1
RF-ID 모듈	RF-ID MODULE	1
RF-ID Tag	RF-ID Tag(125Khz)	2

04

2. 회로도

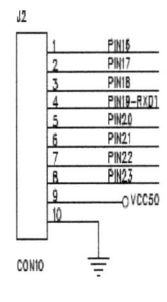
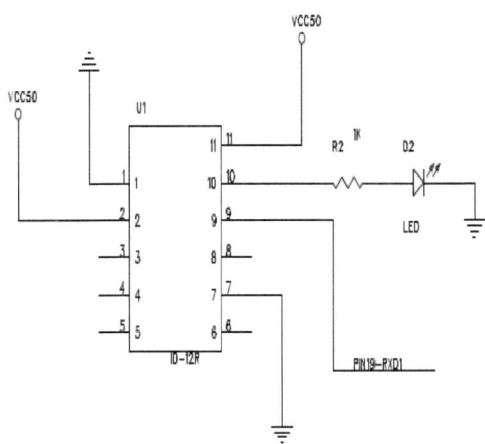

다. 관계지식

RFID Reader ID-12(125KHz) : ID-12 리더기는 매우 사용방법이 간단합니다. 안테나를 내장하고 있어 보드에 핀으로 연결하기만 하면 됩니다. 고유한 정보를 가지는 ID 카드를 인식하여 시리얼 통신을 통한 출력을 합니다.

RFID ID-12 사양

전원 : 5V

125KHz 주파수 범위

EM4001 64-bit RFID 태그 호환

9600bps TTL 통신 또는 RS232 출력

Magnetic stripe 에뮬레이션 출력

100mm 범위 인식

크기 : 25×26×7mm

라. 실습회로 접속의 실제

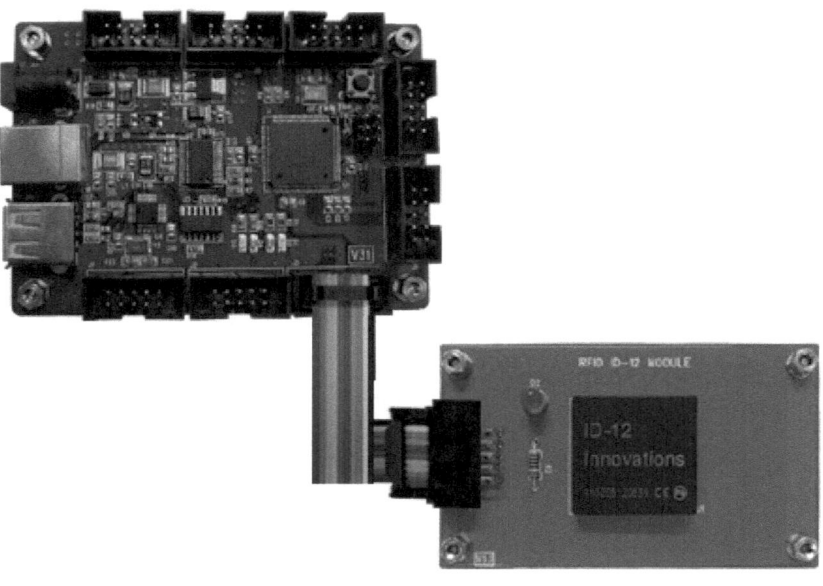

마. 실습프로그램 작성

```
// Jumper num J3

void setup() {
  Serial1.begin(9600);              // connect to the Serial1 port
  Serial.begin(9600);
  pinMode(13, OUTPUT);      // initialize the digital pin as an output
}
void loop () {
  byte i = 0;
  byte val = 0;
  byte code[6];
  byte checksum = 0;
  byte bytesread = 0;
  byte tempbyte = 0;

  if(Serial1.available() > 0) {

  if((val = Serial1.read()) == 2) {        // check for header
    digitalWrite(13, HIGH);   // set the LED on
    delay(1000);                    // wait for a second
    digitalWrite(13, LOW);    // set the LED off
    delay(1000);                    // wait for a second

    bytesread = 0;
    while (bytesread < 12) {
  // read 10 digit code + 2 digit checksum
```

```
            if( Serial1.available() > 0) {
            val = Serial1.read();
            if((val == 0x0D)||(val == 0x0A)||

    (val == 0x03)||(val == 0x02)) {
      // if header or stop bytes before the 10 digit reading
            break;                              // stop reading
            }
            // Do Ascii/Hex conversion:
            if ((val >= '0') && (val <= '9')) {
            val = val - '0';
            } else if ((val >= 'A') && (val <= 'F')) {
            val = 10 + val - 'A';
            }

            // Every two hex-digits, add byte to code:
            if (bytesread & 1 == 1) {
            // make some space for this hex-digit by
            // shifting the previous hex-digit with 4 bits to the left:
            code[bytesread >> 1] = (val | (tempbyte << 4));

            if (bytesread >> 1 != 5) {
      // If we're at the checksum byte,
            checksum ^= code[bytesread >> 1];
                                    // Calculate the checksum... (XOR)
            };
  } else {
      tempbyte = val;            // Store the first hex digit first...
  };

      bytesread++;                        // ready to read next digit
      }
    }
    // Output to Serial1:
```

```
        if (bytesread == 12) {              // if 12 digit read is complete
          Serial.print("5-byte code: ");
          for (i=0; i<5; i++) {
            if (code[i] < 16) Serial.print("0");
            Serial.print(code[i], HEX);
            Serial.print(" ");
          }
          Serial.println();

          Serial.print("Checksum: ");
          Serial.print(code[5], HEX);
          Serial.println(code[5] == checksum ?

  " -- passed." : " -- error.");
          Serial.println();
        }

        bytesread = 0;
      }
    }
  }
```

바. 실습프로그램 설명

RFID 인식을 활용하는 프로그램입니다.

사. 응용과제

RF-ID Tag의 구조를 관찰해 보고 RF-ID의 활용처에 대해 생각해 봅시다.

4.14 브래드 보드 활용 1

가. 실습목표

Fno 모듈 외의 소자 활용 이 외에도 여러 가지 소자를 활용하기 위해서 활용합니다. 브래드 보드와 메인 모듈을 연결하여 응용 프로그램을 구성하여 봅시다.

나. 실습회로도 구성

1. 사용 재료 목록

부품명	규 격	수 량
메인 모듈	Fno-ADK	1
브래드 보드	Bread-Conn Module	1
Jumper Cable	Jumper Cable(Bread Board 용)	1set

다. 관계지식

브래드 보드(breadboard) : 속칭 빵판 또는 빵틀은 전자회로의(일반적으로 임시적인) 시제품을 만드는 데 사용하는 재사용할 수 있는 무 땜납 장치입니다. 이것은 스트립기판(베로보드)과 현저하게 다르고 영구적이거나 1회용 시제품을 만들 때 사용하고, 쉽게 재사용할 수 없는, 초기 인쇄회로기판과 비슷합니다. 일반적인 브래드 보드는 버스 스트립으로 알려진, 내부연결 전기단자의 스트립이 있고, 주장치의 일부나 격리된 블록처럼 한쪽이나 양쪽은 전원선을 확장하도록 끼워져 있습니다.

현대의 무 땜납 브래드 보드는 천공 아래에 많은 납이 도금된 인청동 스프링 클립이 있는 플라스틱 천공 블록으로 구성됩니다. 두개의 일련 패키지(Dual In-Line Package, DIP)인 집적회로(IC)는 블록의 중앙선을 벌려서 삽입할 수 있습니다. 내부연결 전선과 (축전기, 저항기, 코일, 등과 같은) 각각 부품 핀은 회로 위상을 완성하기 위해서 여전히 남는 구멍에 삽입할 수 있습니다. 이렇게 다양한 전자 시스템은 소형 회로에서 완벽한 중앙처리장치(CPU)까지, 시 제품화 될 것입니다. 그러나 (접점당 2~25pF으로 발생되는) 큰 공전 커패시턴스때문에, 무 땜납 빵판은 상대적으로 낮은 주파수로 동작이 제한됩니다. 일반적으로 회로의 특성에 따라서 10MHz보다 느리게 동작한다.

라. 실습회로 접속의 실제

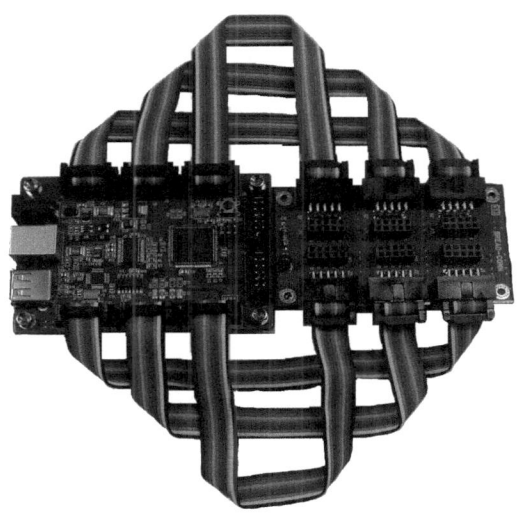

Fno 모듈 이 외의 소자를 활용하거나 전원 확장을 위해 브래드 보드를 활용합니다.

4.15 　브래드 보드 활용 2

가. 실습목표

Fno 모듈 소자 활용 이 외에도 여러 가지 소자를 활용하기 위해서 활용합니다.
Bread Board와 Bread-Conn Module 그리고 메인 모듈을 연결하여 응용 프로
그램을 구성하여 봅시다.

나. 실습회로도 구성

1. 사용 재료 목록

부품명	규 격	수 량
메인 모듈	Fno-ADK	1
브래드 콘	Bread-Conn	1
브래드 보드	Breadboard	1
Jumper Cable	Jumper Cable(Bread Board 용)	1set

2. 회로도

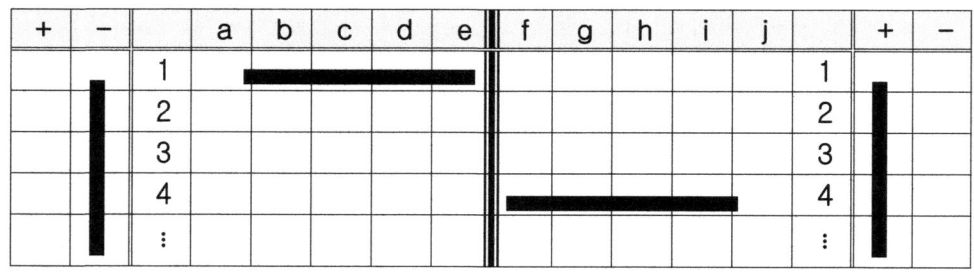

BREAD BOARD　　　━━━━ 전류 방향

위 그림은 브래드 보드를 표현한 그림입니다. 브래드 보드의 전류는 위 그림과
같이 가로 / 세로 두 방향으로 흐르게 됩니다. 먼저 그림의 좌측과 우측에 위치
한 + / − 에서는 회로를 삽입하게 되면 회로가 삽입된 + 또는 − 구간 전체에

세로 방향으로 전류가 흐르게 됩니다. 두 번째로 a~e 또는 f~j가 위치한 가로 방향으로 전류가 흐르게 되는데 +/-와 마찬가지로 회로를 삽입하게 된다면 삽입한 회로가 위치한 숫자상의 한 행에 전류가 흐르게 됩니다. 한 행은 + 또는 - 의 한 극의 성질만을 가지기에 만약 부품을 연결할 때는 서로 다른 행어 부품을 연결해야 합니다.

다. 관계지식

브레드 보드(breadboard) : 속칭 빵판 또는 빵틀은 전자회로의 (일반적으로 임시적인) 시제품을 만드는 데 사용하는 재사용할 수 있는 무 땜납 장치입니다. 이것은 스트립기판(베로보드)과 현저하게 다르고 영구적이거나 1회용 시제품을 만들 때 사용하고, 쉽게 재사용할 수 없는, 초기 인쇄회로기판과 비슷합니다. 일반적인 브레드 보드는 버스 스트립으로 알려진, 내부연결 전기근자의 스트립이 있고, 주장치의 일부나 격리된 블록처럼 한쪽이나 양쪽은 전원선을 확장하도록 끼워져 있습니다.

현대의 무 땜납 브레드 보드는 천공아래에 많은 납이 도금된 인청동 스드링 클립이 있는 플라스틱 천공블록으로 구성됩니다. 두개의 일련 패키지(Dual In-Line Package, DIP)인 집적회로(IC)는 블록의 중앙선을 벌려서 삽엽할 수 있습니다. 내부연결 전선과 (축전기, 저항기, 코일, 등과 같은) 각각 부품 편은 회로 위상을 완성하기 위해서 여전히 남는 구멍에 삽입할 수 있습니다. 이렇게, 다양한 전자 시스템은 소형 회로에서 완벽한 중앙처리장치(CPU)까지, 시제품화 될 것입니다. 그러나 (접점당 2~25pF으로 발생되는) 큰 공전 커패시턴스때문에, 무 땜납 빵판은 상대적으로 낮은 주파수로 동작이 제한됩니다. 일반적으로 회로의 특성에 다라서 10MHz보다 느리게 동작합니다.

브레드 콘(bread-conn) : 브레드 보드와 메인모듈 간 연결 장치입니다. '브레드 보드 활용1'에서 다루었던 브레드 보드 모듈은 브레드 보드와 연결 장치가 통합되어 있었지만 이번에 활용한 브레드 보드는 연결 장치가 별도로 존재하지 않기에 이를 연결해 주기 위해 활용되는 conn, 즉 connect(연결)을 위한 장치가 바로 Bread-Conn Module입니다.

04

라. 실습회로 접속의 구성

모듈내 이외의 소자를 활용하거나 전원 확장을 위해 브래드 보드를 활용합니다.

4.16 브래드 보드 활용 2-1

가. 실습목표

Fno 모듈의 소자 활용 이 외에도 여러 가지 소자를 활용하기 위해서 활용합니다. Bread Board와 Bread—Conn Module 그리고 메인 모듈을 연결하여 한 개의 LED 소자에 불이 들어오는 응용 프로그램을 구성하여 봅시다.

나. 실습회로도 구성

1. 사용 재료 목록

부품명	규 격	수 량
메인 모듈	Fno—ADK	1
브래드 콘	Bread—Conn	1
브래드 보드	Breadboard	1
LED 소자	–	1
Jumper Cable	Jumper Cable(Bread Board 용)	1se⁏

2. 회로도

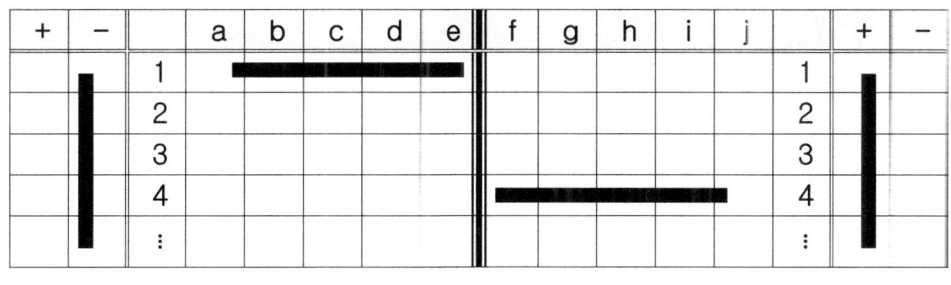

BREAD BOARD   전류 방향

위 그림은 브래드 보드를 표현한 그림입니다. 브래드 보드의 전류는 위 그림과 같이 가로 / 세로 두 방향으로 흐르게 됩니다. 먼저 그림의 좌측과 우측에 위치한 +/−에서는 회로를 삽입하게 되면 회로가 삽입된 + 또는 − 구간 전체에 세로 방향으로 전류가 흐르게 됩니다. 두 번째로 a~e 또는 f~j가 위치한 가로 방향으로 전류가 흐르게 되는데 +/− 와 마찬가지로 회로를 삽입하게 된다면 삽입한 회로가 위치한 숫자상의 한 행에 전류가 흐르게 됩니다. 한 행은 + 또는 − 의 한 극의 성질만을 가지기에 만약 부품을 연결할 때는 서로 다른 행에 부품을 연결해야 합니다.

다. 관계지식

브레드 보드 : 흔히 빵판 또는 빵틀이라고 부르는 전자회로의 (일반적으로 임시적인) 시제품을 만드는 데 사용하는 재사용할 수 있는 무 땜납 장치입니다. 이것은 스트립기판(베로보드)과 현저하게 다르고 영구적이거나 1회용 시제품을 만들 때 사용하고, 쉽게 재사용할 수 없는, 초기 인쇄회로기판과 비슷합니다. 일반적인 브레드 보드는 버스 스트립으로 알려진, 내부연결 전기단자의 스트립이 있고, 주장치의 일부나 격리된 블록처럼 한쪽이나 양쪽은 전원선을 확장하도록 끼워져 있습니다.

현대의 무 땜납 브레드 보드는 천공 아래에 많은 납이 도금된 인청동 스프링 클립이 있는 플라스틱 천공 블록으로 구성됩니다. 두개의 일련 패키지(Dual In-Line Package, DIP)인 집적회로(IC)는 블록의 중앙선을 벌려서 삽입 할 수 있습니다. 내부연결 전선과 (축전기, 저항기, 코일, 등과 같은) 각각 부품 핀은 회로 위상을 완성하기 위해서 여전히 남는 구멍에 삽입 할 수 있습니다. 이렇게, 다양한 전자 시스템은 소형 회로에서 완벽한 중앙처리장치(CPU)까지, 시제품화 될 것입니다. 그러나 (접점당 2~25pF으로 발생되는) 큰 공전 커패시턴스때문에, 무 땜납 빵판은 상대적으로 낮은 주파수로 동작이 제한됩니다. 일반적으로 회로의 특성에 따라서 10MHz보다 느리게 동작합니다.

브레드 콘(bread-conn) : 브레드 보드와 메인모듈 간 연결 장치입니다. '브레드 보드 활용1'에서 다루었던 브래드 보드 모듈은 브래드 보드와 연결 장치가 통합되어 있었지만 이번에 활용한 브레드 보드는 연결 장치가 별로도 존재하지 않기에 이를 연결해 주기 위해 활용되는 conn, 즉 connect(연결)을 위한 장치가 바로 Bread Board와 Bread-Conn Module입니다.

다음 페이지의 접속의 실제 예에서는 LED 보호 저항을 넣지 않았습니다만, LED보호 저항(통상 330Ω)을 넣어서 회로를 구성하는 것을 권장합니다.

다른 아두이노 모듈(ex. UNO 외)을 사용 할 때 LED 보호 저항을 사용하지 않으면 LED가 나갑니다.

라. 실습회로 접속의 실제

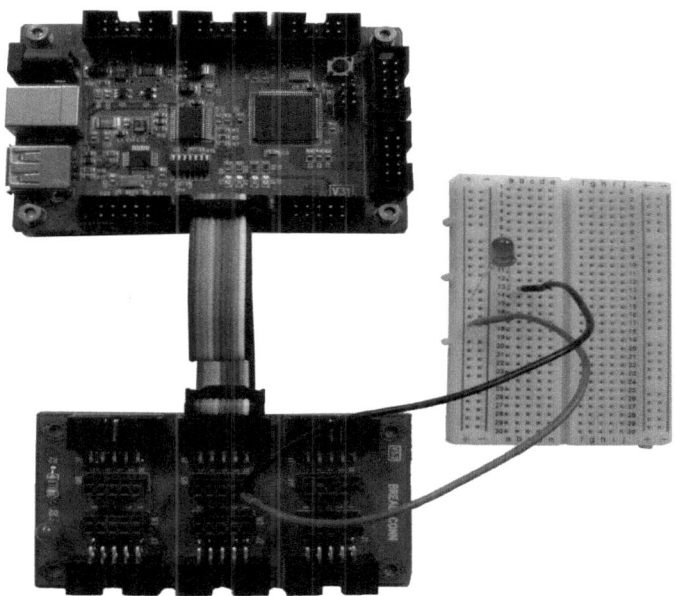

마. 실습프로그램 작성

```
const int led1 =  12;        // LED 핀 설정

void setup( ) {
    //LED 출력
    pinMode(led1, OUTPUT);

}

void loop( ) {
  digitalWrite(led1, HIGH);    // LED 점등
  delay(1000);                 // 1초 상태 유지
  digitalWrite(led1, LOW);     // LED 소등
  delay(1000);                 // 1초 상태 유지
}
```

바. 실습프로그램 설명

　모듈내 이외의 소자를 활용하거나 전원 확장을 위해 브래드 보드를 활용하여
한 개의 LED 소자가 점멸합니다.

브래드 보드 활용 2-2

가. 실습목표

Fno 모듈의 소자 활용 이 외에도 여러 가지 소자를 활용하기 위해서 활용합니다. 브래드 보드와 브래드 콘, 그리고 메인 모듈을 연결하여 여러 개의 LED 소자에 불이 들어오는 응용 프로그램을 구성하여 봅시다.

나. 실습회로도 구성

1. 사용 재료 목록

부품명	규 격	수 량
메인 모듈	Fno-ADK	1
브래드 콘	Bread-Conn	1
브래드 보드	Breadboard	1
LED 소자	-	6
Jumper Cable	Jumper Cable(Bread Board 용)	1set

04

2. 회로도

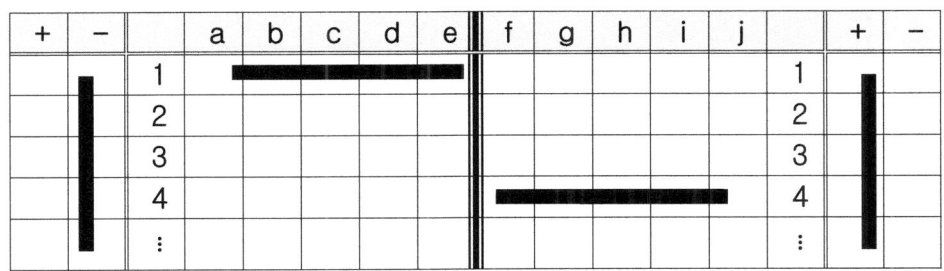

BREAD BOARD   전류 방향

위 그림은 브래드 보드를 표현한 그림입니다. 브래드 보드의 전류는 위 그림과 같이 가로 / 세로 두 방향으로 흐르게 됩니다. 먼저 그림의 좌측과 우측이 위치한 +/-에서는 회로를 삽입하게 되면 회로가 삽입된 + 또는 - 구간 전치에 세로 방향으로 전류가 흐르게 됩니다. 두 번째로 a~e 또는 f~j가 위치한 가로 방향으로 전류가 흐르게 되는데 +/-와 마찬가지로 회로를 삽입하게 된다면 삽입한 회로가 위치한 숫자상의 한 행에 전류가 흐르게 됩니다. 한 행은 + 또는 -의 한 극의 성질만을 가지기에 만약 부품을 연결할 때는 서로 다른 행에 부품을 연결해야 합니다.

다. 관계지식

브레드 보드 : 흔히 빵판 또는 빵틀이라고 부르는 전자회로의 (일반적으로 임시적인) 시제품을 만드는 데 사용하는 재사용할 수 있는 무 땜납 장치입니다. 이것은 스트립기판(베로보드)과 현저하게 다르고 영구적이거나 1회용 시제품을 만들 때 사용하고, 쉽게 재사용할 수 없는, 초기 인쇄회로기판과 비슷합니다. 일반적인 브레드 보드는 버스 스트립으로 알려진, 내부연결 전기단자의 스트립이 있고, 주장치의 일부나 격리된 블록처럼 한쪽이나 양쪽은 전원선을 확장하도록 끼워져 있습니다.

현대의 무 땜납 브레드 보드는 천공 아래에 많은 납이 도금된 인청동 스프링 클립이 있는 플라스틱 천공 블록으로 구성됩니다. 두개의 일런 패키지(Dual In-Line Package, DIP)인 집적회로(IC)는 블록의 중앙선을 벌려서 삽입 할 수 있습니다. 내부연결 전선과 (축전기, 저항기, 코일, 등과 같은) 각각 부품 핀은 회로 위상을 완성하기 위해서 여전히 남는 구멍에 삽입할 수 있습니다. 이렇게, 다양한 전자 시스템은 소형 회로에서 완벽한 중앙처리장치(CPU)까지, 시제품화 될 것입니다. 그러나 (접점당 2~25pF으로 발생되는) 큰 공전 커패시턴스때문에, 무땜납 빵판은 상대적으로 낮은 주파수로 동작이 제한됩니다. 일반적으로 회로의 특성에 따라서 10MHz보다 느리게 동작합니다.

브레드 콘 : 브레드 보드와 메인모듈 간 연결 장치입니다. '브래드 보드 활용1'에서 다루었던 브래드 보드 모듈은 브래드 보드와 연결 장치가 통합되어 있었지만 이번에 활용한 브래드 보드는 연결 장치가 별도로 존재하지 않기에 이를 연결해 주기 위해 활용되는 conn, 즉 connect(연결)을 위한 장치가 바로 Bread Board와 Bread-Conn Module입니다.

라. 실습회로 접속의 실제

마. 실습프로그램 작성

```
    // LED 핀 설정
    int led[6] = {10, 11, 12, 13, 14, 15};

    void setup() {
            // LED 출력
            for(int i = 0; i < 6; i++)
                pinMode(led[i], CUTPUT);


    }
    void loop() {
     for(int I =0; I < 6; I++)
     {
      digitalWrite(led[i], HIGH);    // LED 점등

       // I=0 (10번 핀) 이전에 점등된 I=5 (15번 핀) 소등
       if(i == 0)
        digitalWrite(led[5], LOW);
       else
        digitalWrite(led[i-1],LOW);  // 이전의 점등된 LED 소등
       delay(1000);                // 1초 상태유지
      }
    }
```

바.실습프로그램 설명

Fno 모듈 이 외의 소자를 활용하거나 전원 확장을 위해 브래드 보드를 활용하여 여섯 개의 LED 소자가 순차적으로 점멸합니다.

사. 응용과제

여섯 개의 LED 소자의 점멸 순서 및 속도를 바꿔가면서 다양한 패턴의 점멸 상태를 만들어 봅시다.

4.18 브래드 보드 활용 2-3

가. 실습목표

Fno 모듈의 소자 활용 이 외에도 여러 가지 소자를 활용하기 위해서 활용합니다. 브래드 보드와 브래드 콘, 그리고 메인 모듈을 연결하여 부저에서 소리가 나오는 응용 프로그램을 구성하여 봅시다.

나. 실습회로도 구성

1. 사용 재료 목록

부품명	규 격	수 량
메인 모듈	Fno-ADK	1
브래드 콘	Bread-Conn	1
브래드 보드	Breadboard	1
부저	Piezo Element	1
Jumper Cable	Jumper Cable(Bread Board 용)	1set

다. 관계지식

브래드 보드 : 흔히 빵판 또는 빵틀이라고 부르는 전자회로의 (일반적으로 임시적인) 시제품을 만드는 데 사용하는 재사용할 수 있는 무 땜납 장치입니다. 이것은 스트립기판(베로보드)과 현저하게 다르고 영구적이거나 1회용 시제품을 만들 때 사용하고, 쉽게 재사용할 수 없는, 초기 인쇄회로기판과 비슷하다. 일반적인 브래드 보드는 버스 스트립으로 알려진, 내부연결 전기단자의 스트립이 있고, 주장치의 일부나 격리된 블록처럼 한쪽이나 양쪽은 전원선을 확장하도록 끼워져 있습니다.

현대의 무 땜납 브래드 보드는 천공 아래에 많은 납이 도금된 인청동 스프링 클립이 있는 플라스틱 천공 블록으로 구성됩니다. 두개의 일련 패키지(Dual In-Line Package, DIP)인 집적회로(IC)는 블록의 중앙선을 벌려서 삽입할 수

04

있습니다. 내부연결 전선과 (축전기, 저항기, 코일, 등과 같은) 각각 부품 핀은 회로 위상을 완성하기 위해서 여전히 남는 구멍에 삽입할 수 있습니다. 이렇게, 다양한 전자 시스템은 소형 회로에서 완벽한 중앙처리장치(CPU)까지, 시제품화 될 것입니다. 그러나 (접점당 2~25pF으로 발생되는) 큰 공전 커패시턴스때문에, 무 땜납 빵판은 상대적으로 낮은 주파수로 동작이 제한됩니다. 일반적으로 회로의 특성에 따라서 10MHz보다 느리게 동작합니다.

브레드 콘 : 브래드 보드와 메인모듈 간 연결 장치입니다. '브래드 보드 활용1'에서 다루었던 브래드 보드 모듈은 브래드 보드와 연결 장치가 통합되어 있었지만 이번에 활용한 브래드 보드는 연결 장치가 별로도 존재하지 않기에 이를 연결해 주기 위해 활용되는 conn, 즉 connect(연결)을 위한 장치가 바로 Bread Board와 Bread-Conn Module입니다.

Piezo Element : 기계적 응력을 가하면 전압이 발생하고 반대로 전압을 가하면 일그러짐이 발생하는 수정이나 압전 세라믹스 등을 사용한 소자로 크기가 작아 전류흐름에 따라 소리를 발생시킵니다.

라. 실습회로 접속의 실제

마. 실습프로그램 작성

```
const int piezo =  10;        // Piezo Element 핀 설정

void setup() {
        //piezo 출력
      pinMode(piezo, OUTPUT);

}

void loop() {
    digitalWrite(piezo, HIGH);    // piezo 출력
    delay(1000);                  // 1초 상태 유지
    digitalWrite(piezo, LOW);     // piezo 다운
    delay(1000);                  // 1초 상태 유지
    }
```

바. 실습프로그램 설명

Fno 모듈 이 외의 소자를 활용하거나 전원 확장을 위해 브래드 보드를 활용하여 Piezo Element 소자에서 일정 주기마다 소리를 발생시킵니다.

사. 응용과제

아두이노 음계를 이용해서 나만의 노래 및 작곡을 해 봅시다.

4.19 인터럽트

가. 실습목표

실행 중인 프로그램을 일시 중단하고 다른 프로그램을 끼워 넣어 실행시킵니다.

나. 실습회로도 구성

1. 사용 재료 목록

부품명	규 격	수 량
메인 모듈	Fno-ADK	1
LED 버튼	Digital IO Mo.	1

2. 회로도

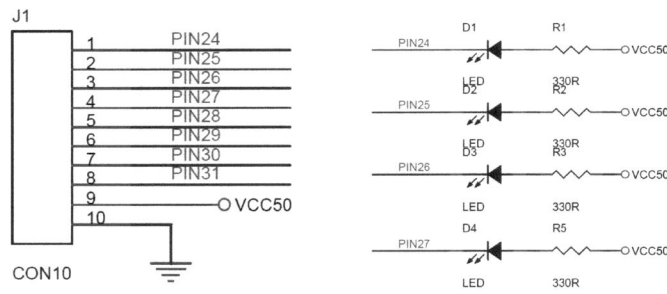

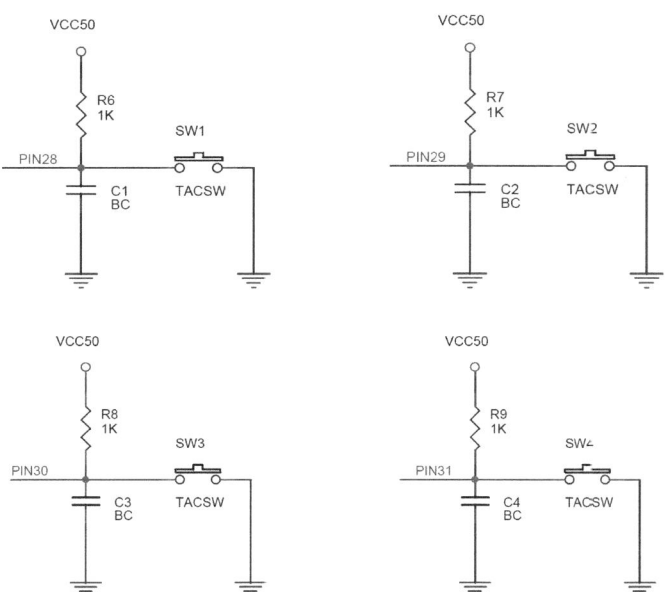

Digital IO Module

다. 관계지식

인터럽트(interrupt) : CPU 내부의 하드웨어적인 요구에 의해서 정상적인 프로그램의 실행 순서를 변경하여 보다 시급한 작업을 먼저 수행한 후에 다시 원래의 프로그램으로 복귀하는 것을 인터럽트(interrupt, 가로채기)라고 합니다.

이것은 흔히 우리가 책을 읽고 있는 도중에 전화가 와서 읽던 책의 페이지에 책갈피를 끼워 표시해두고 전화를 받은 다음에 표시해 두었던 페이지를 다시 찾아 책을 계속 읽어가는 경우에 비유될 수 있습니다.

인터럽트는 주변 장치의 서비스 요청에 CPU가 가장 빠르게 대응할 수 있는 방법이며, 이것을 이용하면 주변 장치로 부터의 발생 시기를 예측하기 어려운 비동기적인 일(Event, 사건)을 CPU가 빠르게 처리할 수 있어서, 인터럽트는 서로 비동기적으로 동작하는 CPU와 주변장치 사이에 효율적으로 일을 수행하는 중요한 수단이 됩니다.

인터럽트 처리 기능

　아두이노 보드에서는 인터럽트를 0~5번까지 받을 수 있으며, 해당 핀을
표를 참조하여 사용합니다.

INTERRUPT NUMBER	ARDUINO PIN NO
0	PIN − 2
1	PIN − 3
2	PIN − 21
3	PIN − 20
4	PIN − 19
5	PIN − 18

라. 실습회로 접속의 실제

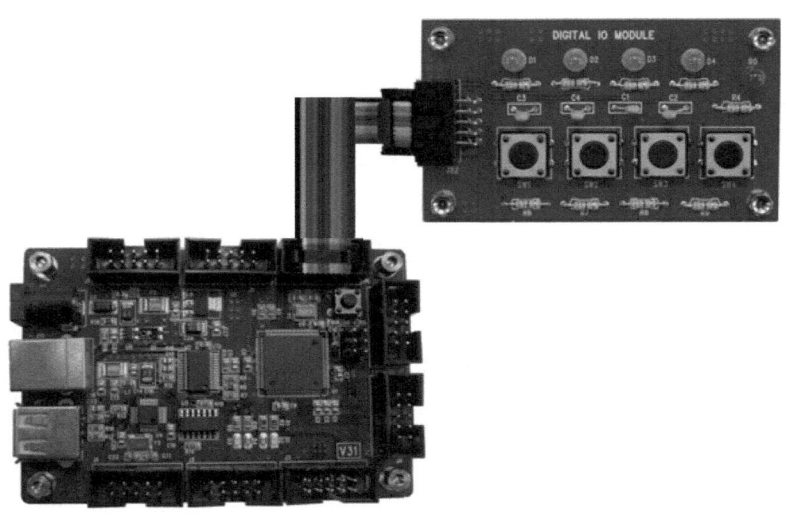

마. 실습프로그램 작성

```
// Jumper num J4
int led1 = 16;        // 첫 번째 LED 핀 번호
int button1 = 20;     // 첫 번째 버튼 핀 번호
int inputval = 0;     // 인터럽트 값 구분을 위한 변수
int state = 0;

void setup()
{

  Serial.begin(9600);
  pinMode(led1, OUTPUT);
  //pinMode(button1, INPUT_PULLUP);  인터럽트  시에는  사용안함.
   attachInterrupt로 대체
  //인터럽트 지원 핀 번호, 여기는 20번 핀에 연결 했으므로 3 값 입력
   attachInterrupt(3, SWcheck, FALLING);

  /*
  1. 인터럽트 함수 사용
    attachInterrupt(인터럽트 NO, 서비스함수, 모드);
    인터럽트 사용모드는 다음과 같이 설정할 수 있다.
      Mode                    설명
  ====================================
    LOW     trigger the interrupt whenever the pin is low
    CHANGE  trigger the interrupt whenever the pin changes value
    RISING  trigger when the pin goes from low to high
    FALLING for when the pin goes from high to low

  2. 인터럽트 해제
    detachInterrupt(인터럽트 NO);
    사용하고 있는 인터럽트를 해제하는 경우 사용한다.
  3. 중요 구간의 인터럽트 발생 방지
    noInterrupts();  // 인터럽트 발생 방지
    // 인터럽트 발생 방지할 중요 구간
    interrupts();    // 인터럽트를 다시 호출한다.
  */
```

```
    }

void loop()
{
  // SWcheck();
  // SWcheck() 주석 풀고 위 attachInterrupt 주석으로 막고 실행하여 보면
     인터럽트의 차이를 확실히 알 수 있음
  switch (state) {
  case 0: {
      digitalWrite(led1, HIGH);
      delay(1000);
      Serial.println(" Value = 0 ? OK");
      break;
  }
  case 1: {
      light();
      delay(1000);
      Serial.println(" Value = 1 ? OK");
      break;
  }
  case 2: {
      light();
      delay(200);
      light();
      delay(1200);
      Serial.println(" Value = 2 ? OK");
      break;
  }
```

```
    case 3: {
        light();
        delay(200);
        light();
        delay(200);
        light();
        delay(1200);
        Serial.println(" Value = 3 ? OK");
        break;
      }
    case 4: {
        light();
        delay(200);
        light();
        delay(200);
        light();
        delay(200);
 light();
        delay(1200);
        Serial.println(" Value = 4 ? OK");
        break;
    }
    default:
      Serial.print("Other Value  ???? ");
    }
}
void SWcheck()
{
  inputval = digitalRead(button1);

  int MAXSW = 5;
  if (inputval == 0)
    state = state + 1;
```

```
        if (state >= MAXSW )
        {
          state = 0;
        }

        Serial.print(" inputval VALUE =    ");
        Serial.println(inputval);
    }

    //led1 점멸
    void light()
    {
      digitalWrite(led1, HIGH);
      delay(200);
      digitalWrite(led1, LOW);
    }
```

바. 실습프로그램 설명

Digital IO Module 의 첫 번째 버튼과 LED를 이용하여 특정한 깜빡임을 제어
하는 과정을 인터럽트와 일반함수 두 가지 모두 사용함으로써 인터럽트를 이해
합니다.

사. 응용과제

7SEGMENT COUNT를 만들고, 숫자가 증가할 경우, KEY1에서 인터럽트가 발
생할 경우, COUNT를 멈추고, 해당 숫자를 표시합니다.

05장

05

F-no 실습(응용편)

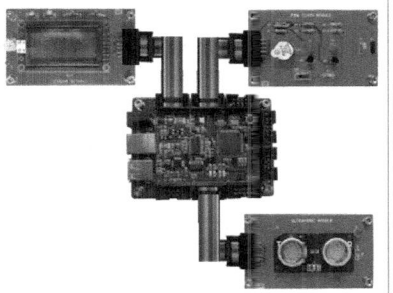

5.1 LED와 디지털 스위치 연동 제어 프로그램

가. 실습목표

이번 실습에서는 디지털 스위치를 활용하여 LED를 동작하는 프로그램을 구성할 것입니다. 다이렉트 컨트롤 방식으로 향후 활용될 프로그램의 기본 동작 방식을 배워 봅시다.

나. 실습회로도 구성

1. 사용 재료 목록

부품명	규 격	수 량
메인 모듈	Fno−ADK	1
LED 버튼	Digital IO Mo.	1

2. 회로도

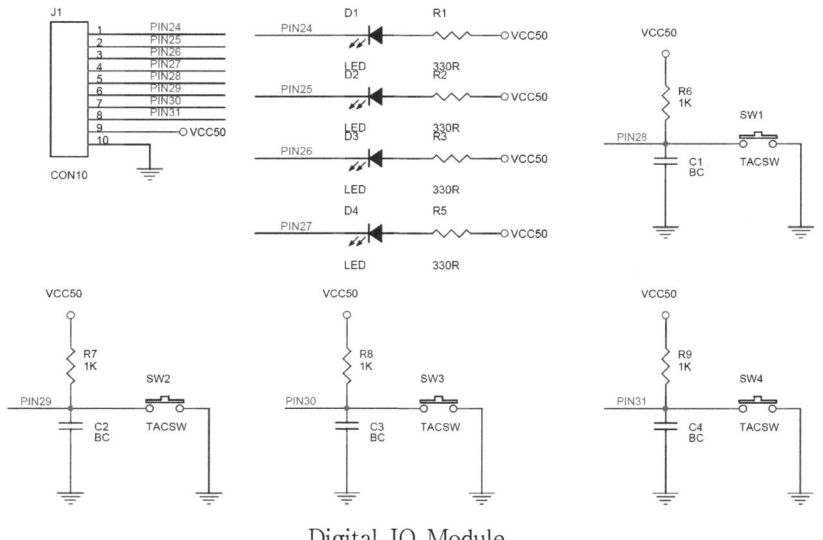

Digital IO Module

다. 관계지식

코드 구성

1. 순차적인 구성의 다수의 동일한 센서 또는 스위치나 소자들을 프로그램에
   정의할 경우에는 다음과 같이 프로그램 구성을 간단하게 지정할 수 있습니
   다.

   예) 4개의 LED 정의할 경우,

   int LED[] = {1, 2, 3, 4,};   // 중괄호 내의 숫자는 각각의 LED 핀 넘
   버입니다.

2. 본 실습 과정과 같이 순차적으로 지정된 버튼으로 LED를 동작시킬 경우
   에는 count를 활용하여 프로그램을 간략화합니다. 본 실습 과정을 통해
   그 방법을 습득할 수 있습니다.

라. 실습회로 접속의 실제

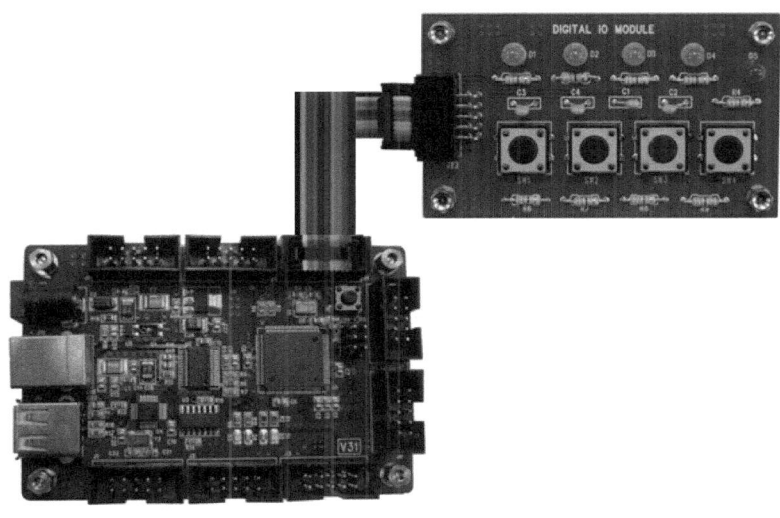

마. 실습프로그램 작성

```
// Jumper num J4
// constants won't change. They're used here to


// the number of the LED pin
const int ledPin[4] = {24, 25, 26, 27};
// the number of the pushbutton pin
const int buttonPin[4] = {28, 29, 30, 31};



// variables will change:
int buttonState1 = 1;
int buttonState2 = 1;
int buttonState3 = 1;
int buttonState4 = 1;

void setup() {
// initialize the LED pin as an output:
// initialize the pushbutton pin as an input:
    int i = 0;

    for( i = 0; i < 4; i++;) {
        pinMode(ledPin[i], OUTPUT);
        pinMode(buttonPin[i], INPUT);
    }
}
```

```
void loop(){
    // read the state of the pushbutton value:
    buttonState1 = digitalRead(buttonPin[0]);
    buttonState2 = digitalRead(buttonPin[1]);
    buttonState3 = digitalRead(buttonPin[2]);
    buttonState4 = digitalRead(buttonPin[3]);

    // check if the pushbutton is pressed.
    // if it is, the buttonState is HIGH:

    if(buttonState1 == HIGH )
        digitalWrite(ledPin1, HIGH);
    else
        digitalWrite(ledPin1,LOW);

    if(buttonState2 == HIGH )
        digitalWrite(ledPin2, HIGH);
    else
        digitalWrite(ledPin2,LOW);

    if(buttonState3 == HIGH )
        digitalWrite(ledPin3, HIGH);
    else
        digitalWrite(ledPin3,LOW);

    if(buttonState4 == HIGH )
        digitalWrite(ledPin4, HIGH);
    else
        digitalWrite(ledPin4, LOW);

    delay(10);

}
```

05

바. 실습프로그램 설명

1~4번의 버튼을 누르면 1~4번 LED 핀이 점등되는 프로그램입니다.

사. 응용과제

① LED 순서 변경

버튼을 1→4순으로 누를 경우, LED가 4→1순으로 점등되는 프로그램을 작성하시오.

5.2 디지털 스위치를 사용한 모터 속도 제어 프로그램

가. 실습목표

이번 장에서 하는 실습은 Digital IO의 Push 스위치를 활용하여 DC 모터의 속도를 제어 하는 프로그램입니다.

단, 이 실험에 사용하게 되는 DC모터 모듈에는 별도의 DC Adapter를 꽂아주어야 하는데, 이때 전압용량과 모터의 적정 사용 전압을 맞추어야 합니다. 보통 DC 3~12V 이내의 모터를 사용할 것을 권합니다. 그 이상의 모터를 사용하고자 할 때는 모터 모듈의 C1, C2의 허용 전압 이내로 결정합니다.

이 소스를 활용하면 선풍기, 자동차, 로봇 등의 제작에 이용될 수 있으며 이들의 속도를 스위치 조작으로 제어할 수 있습니다.

나. 실습회로도 구성

1. 사용 재료 목록

부품명	규 격	수 량
메인 모듈	Fno-ADK	1
모터 모듈	DC Motor Module	1
디지털 모듈	Digital IO Module	1
모터 아답터	사용 DC모터 사양참조	1
DC Motor	DC Motor	2
Jumper Cable	회로(모터)연결선	4

2. 회로도

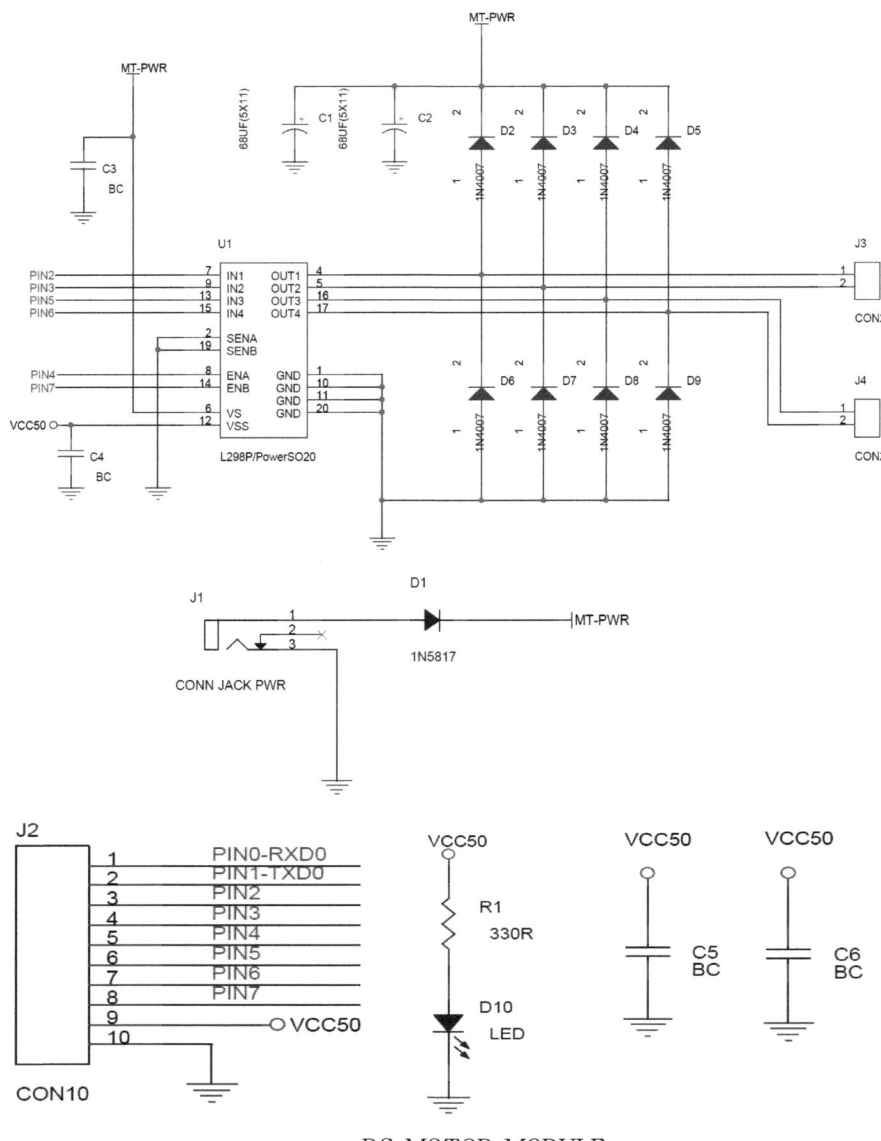

DC MOTOR MODULE

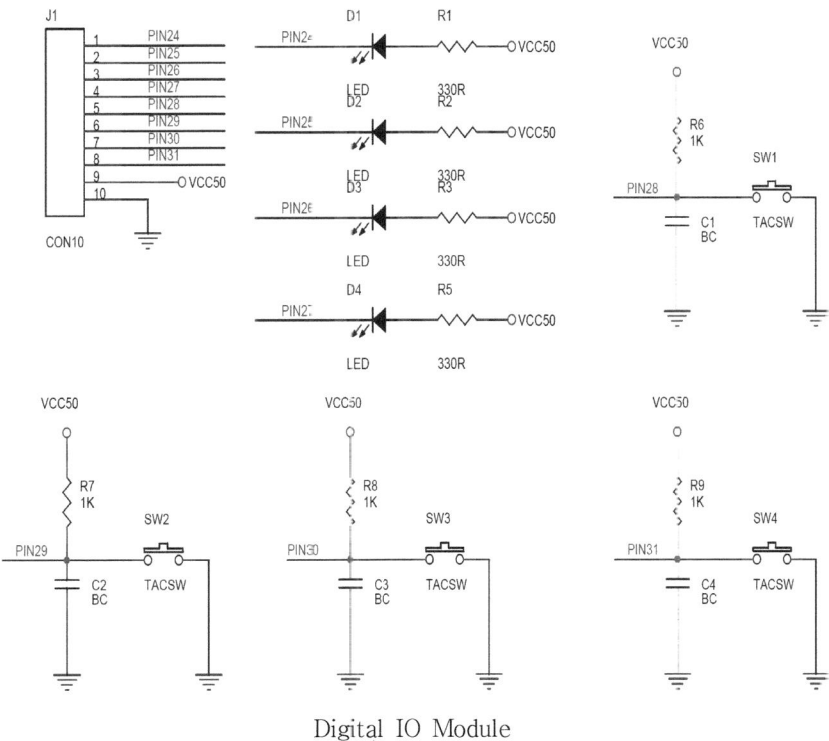

Digital IO Module

다. 관계지식

다음 장의 접속 그림처럼 모터 모듈에 모터의 규격에 맞는 별도의 전원을 공급해야 합니다. 모터는 동시에 2개를 제어할 수 있고, 전원은 한 곳에만 긴가하면 됩니다. 전원 아답터는 Fnc ADK 메인 모듈에 꽂지말고 반드시 모터 모듈에 꽂아야 합니다.

라. 실습회로 접속의 실제

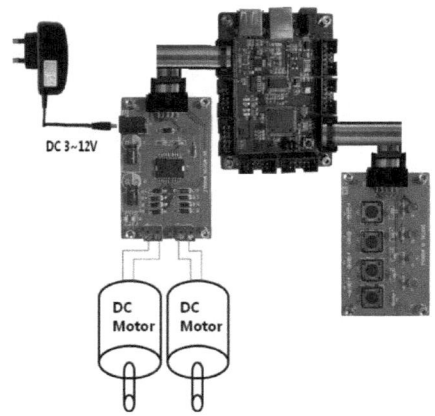

마. 실습프로그램 작성

```
// DC Motor -- Jumper num J1
// Digital IO -- Jumper num J4

#define MOT1DIR1    2
#define MOT1DIR2    3
#define MOT1PWM     4
#define MOT2DIR1    5
#define MOT2DIR2    6
#define MOT2PWM     7


const int ledPin1 = 24;      // the number of the LED pin
const int ledPin2 = 25;      // the number of the LED pin
const int ledPin3 = 26;      // the number of the LED pin
const int ledPin4 = 27;      // the number of the LED pin


const int buttonPin1 = 28;   // the number of the pushbutton pin
const int buttonPin2 = 29;   // the number of the pushbutton pin
const int buttonPin3 = 30;   // the number of the pushbutton pin
const int buttonPin4 = 31;   // the number of the pushbutton pin
```

```
int buttonState1 = 1;
int buttonState2 = 1;
int buttonState3 = 1;
int buttonState4 = 1;

int ledState1 = 0;
int ledState2 = 0;
int ledState3 = 0;
int ledState4 = 0;
int prebuttonState1 = LOW;
int prebuttonState2 = LOW;
int prebuttonState3 = LOW;
int prebuttonState4 = LOW;

void setup() {
    pinMode(ledPin1, OUTPUT);
    pinMode(ledPin2, OUTPUT);
    pinMode(ledPin3, OUTPUT);
    pinMode(ledPin4, OUTPUT);

    // initialize the pushbutton pin as an input:
    pinMode(buttonPin1, INPUT);
    pinMode(buttonPin2, INPUT);
    pinMode(buttonPin3, INPUT);
    pinMode(buttonPin4, INPUT);
    pinMode(MOT1DIR1, OUTPUT);  // 모터설정
    pinMode(MOT1DIR2, OUTPUT);
    pinMode(MOT1PWM, OUTPUT);
    pinMode(MOT2DIR1, OUTPUT);
    pinMode(MOT2DIR2, OUTPUT);
    pinMode(MOT2PWM, OUTPUT);

    digitalWrite(MOT1DIR1, HIGH);
    digitalWrite(MOT1DIR2, LOW);
}
void loop(){
```

```
buttonState1 = digitalRead(buttonPin1);
buttonState2 = digitalRead(buttonPin2);
buttonState3 = digitalRead(buttonPin3);
buttonState4 = digitalRead(buttonPin4);

if(prebuttonState1 == HIGH && buttonState1 == LOW)
  {
    if(ledState1 == 0)
     {
       digitalWrite(ledPin1, LOW);
       digitalWrite(ledPin2, HIGH);
       digitalWrite(ledPin3, HIGH);
       analogWrite(MOT1PWM, 100);
     }
    else
     {
       digitalWrite(ledPin1, HIGH);
       digitalWrite(MOT1PWM, LOW);
       ledState1 = 0;
     }
  }
if(prebuttonState2 == HIGH && buttonState2 == LOW)
  {
    if(ledState2 == 0)
     {
       digitalWrite(ledPin1, HIGH);
       digitalWrite(ledPin2, LOW);
       digitalWrite(ledPin3, HIGH);
       analogWrite(MOT1PWM, 150);
     }
    else
     {
       digitalWrite(ledPin2, HIGH);
       digitalWrite(MOT1PWM, LOW);
       ledState2 = 0;
     }
```

```
        }
      if(prebuttonState3 == HIGH && buttonState3 == LOW)
        {
          if(ledState3 == 0)
            {
              digitalWrite(ledPin1, HIGH);
              digitalWrite(ledPin2, HIGH);
              digitalWrite(ledPin3, LOW);
              analogWrite(MOT1PWM, 255);
            }
          else
            {
              digitalWrite(ledPin3, HIGH);
              digitalWrite(MOT1PWM, LOW);
              ledState3 = 0;
            }
        }
      if(buttonState4 == LOW)
      {
        buttonState1 = HIGH;
        buttonState2 = HIGH;
        buttonState3 = HIGH;
        buttonState4 = HIGH;
        digitalWrite(ledPin1, HIGH);
        digitalWrite(ledPin2, HIGH);
        digitalWrite(ledPin3, HIGH);
        digitalWrite(ledPin4, LOW);
        digitalWrite(MOT1PWM, LOW);
      }
      else
        digitalWrite(ledPin4, HIGH);
        prebuttonState1 = buttonState1;
        prebuttonState2 = buttonState2;
        prebuttonState3 = buttonState3;
        prebuttonState4 = buttonState4;
}
```

05

바. 실습프로그램 설명

이 소스는 버튼을 눌러서 모터의 속도를 제어하는 선풍기, 자동차, 로봇 등의 제작에 이용될 수 있으며 이들의 속도를 스위치 조작으로 제어할 수 있습니다.

사. 응용과제

뒷 장의 스마트 폰 앱 제어때 이 소스를 응용해서 원격 모터제어를 구현해 봅시다.

5.3 포텐셔 메터를 사용한 모터 속도제어

가. 실습목표

이번 장에서는 포텐셔 메터를 활용하여 모터에 들어가는 신호를 조절하여 모터의 속도를 조절하는 프로그램입니다. 디지털 제어와 다르게 포텐셔 메터를 돌려 저항값을 조절하면 그에 맞추어 모터의 속도가 변합니다.

나. 실습회로도 구성

1. 사용 재료 목록

부품명	규 격	수 량
메인 모듈	Fno-ADK	1
모터 모듈	DC Motor Module	1
조도 모듈	AD Test Module	1
모터 아답터	사용 DC모터 사양참조	1
DC Motor	DC Motor	2
Jumper Cable	회로(모터)연결선	4

05

2. 회로도

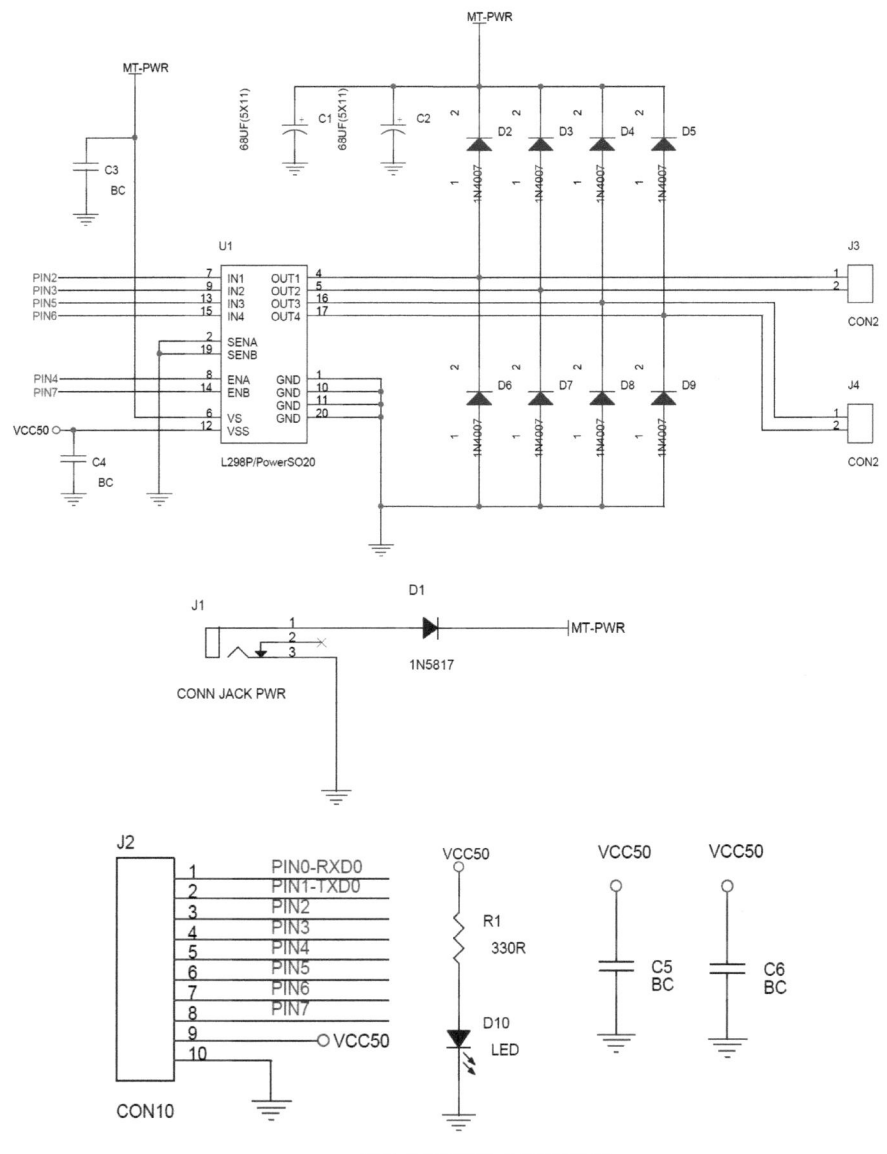

DC MOTOR MODULE

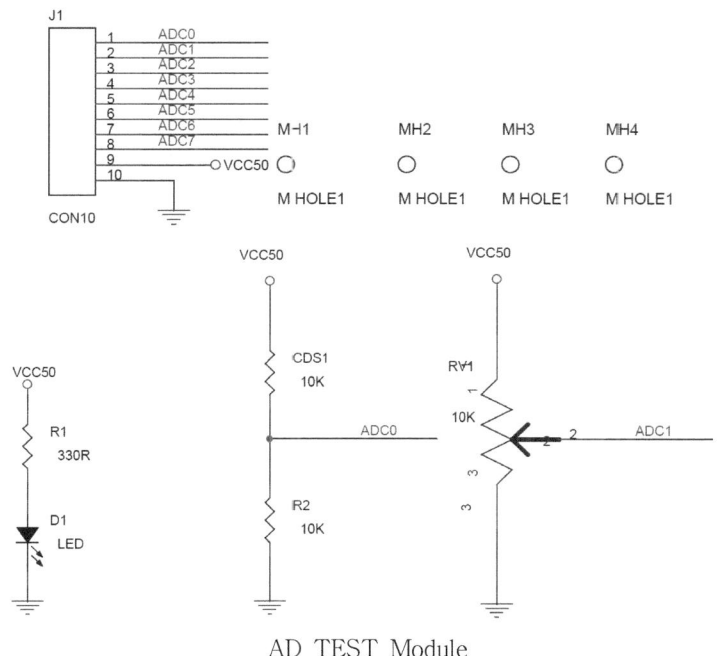

AD TEST Module

다. 관계지식

아날로그 입력을 받아서 아날로그 출력을 내보는 것으로 구성했습니다. 위의
회로는 빛의 밝기에 따라서 모터의 회전 속도를 다르게 하는 것으로 센서를
Cds말고 다른 온도나 습도, 초음파 등과 같은 아날로그 센서를 사용해서 모터
를 제어하는 것으로도 활용이 가능합니다.

라. 실습회로 접속의 실제

마. 실습프로그램 작성

```c
// DC Motor --  Jumper num J1
// AD Test --  Jumper num J8

#define MOT1DIR1      2
#define MOT1DIR2      3
#define MOT1PWM       4
#define MOT2DIR1      5
#define MOT2DIR2      6
#define MOT2PWM       7
#define analogInPin A0  // 조도센서 아날로그 입력핀 설정

int sensorValue = 0;      // value read from the pot

void setup() {
  Serial.begin(9600); // 시리얼 포트 속도 설정:
  pinMode(MOT1DIR1, OUTPUT);  // 모터설정
  pinMode(MOT1DIR2, OUTPUT);
  pinMode(MOT1PWM, OUTPUT);
  pinMode(MOT2DIR1, OUTPUT);
  pinMode(MOT2DIR2, OUTPUT);
  pinMode(MOT2PWM, OUTPUT);

  digitalWrite(MOT1DIR1, HIGH);
  digitalWrite(MOT1DIR2, LOW);
}

void loop(){
  // read the analog in value:
  sensorValue = analogRead(analogInPin) / 4;
  // print the results to the serial monitor:
  Serial.print("sensor = " );
  Serial.println(sensorValue);
  analogWrite(MOT1PWM, 200);
  delay(1000);
  }
```

바. 실습프로그램 설명

아날로그의 값으로 들어오는 신호를 가지고 디지털 제어를 합니다.

사. 응용과제

아날로그 입력은 조도뿐만 아니라, 온도, 습도 등과 같은 다양한 센서도 있으므로 이를 이용해서 회로를 구성해 봅시다.

05

5.4   온도 변화에 따른 온실내 온도 제어 프로그램

가. 실습목표

이번 실습은 온도측정 센서에서 나오는 신호를 활용하여 릴레이를 on/off하여 릴레이에 연결된 장치를 제어 하는 프로그램으로 현재 에어컨이나 냉장고 등과 같은 자동 온도 조절 기능을 갖춘 전자기기에서 활용하는 기능을 아두이노 보드를 활용하여 표현하기 위한 프로그램입니다.

나. 실습회로도 구성

1. 사용 재료 목록

부품명	규 격	수 량
메인 모듈	Fno-ADK	1
RTL 모듈	Temp&Humid&rtc Module	1
LCD 모듈	CHARLCD Module	1
릴레이 모듈	RELAY Module	1

2. 회로도

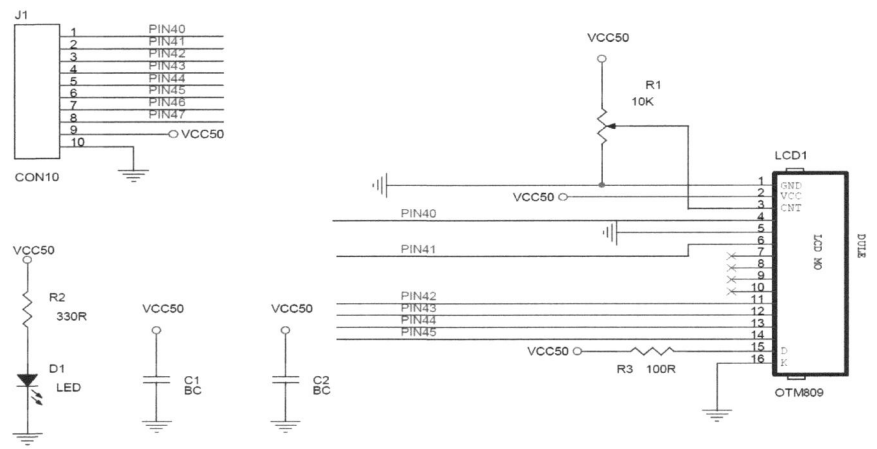

CHAR LCD MODULE

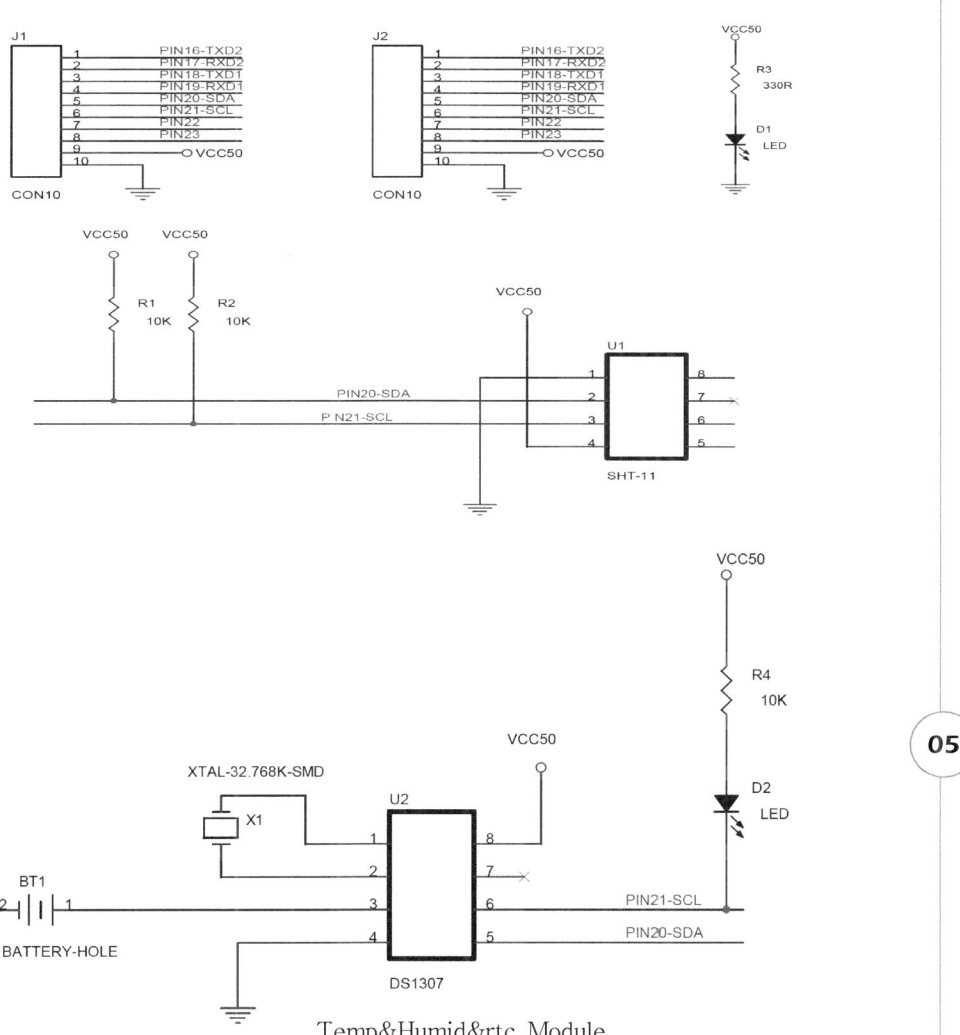

Temp&Humid&rtc Module

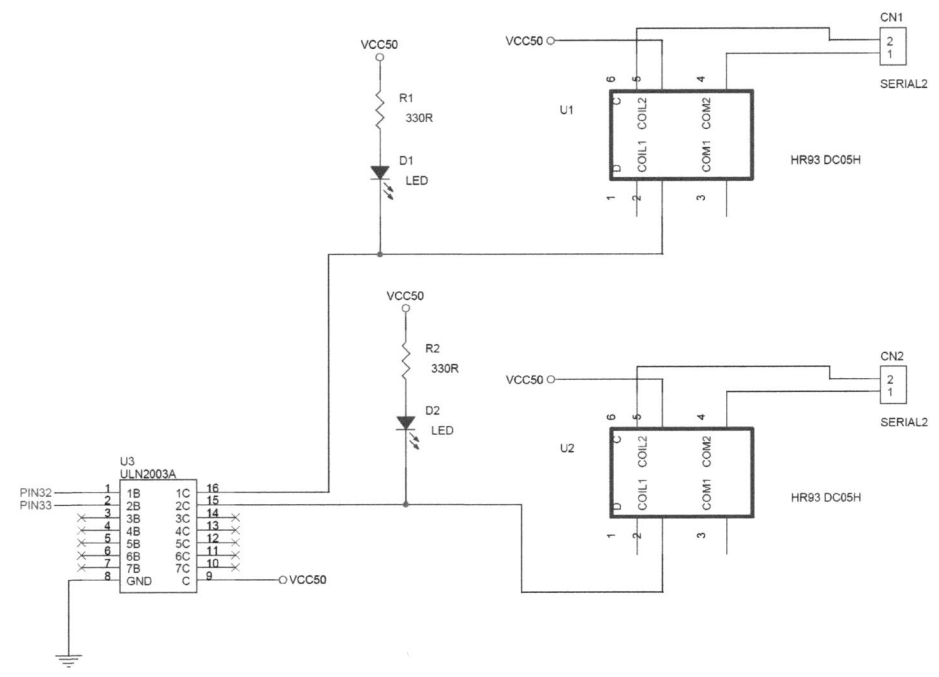

Relay Module

다. 관계지식

이 회로는 항온 및 항습에 관한 소스로 일반적으로 가장 많이 응용되는 회로입니다. 실내의 온도 습도를 유지하기 위한 것으로 에어컨과 팬을 이용해서 다양한 상황에 적용 시켜 볼 수 있습니다. 실내 항온(에어컨, 히터...), 항온 식물원, 병원환경제어 등 온도 및 습도를 유지하는 곳이라면 어디든 사용 가능합니다. 릴레이에 어떤 제어 물을 연결 하느냐를 결정하고 실험을 해 보세요. 릴레이는 원격에서 제어가 되는 스위치이므로 다양한 전기 기기를 연결해서 사용할 수 있습니다. 단, 릴레이 용량을 확인하고 그 제어 범위 내에서 사용해야 합니다. 또한 이 과제에 BTB 모듈을 연결한다면 원격제어도 가능합니다.

라. 실습회로 접속의 실제

마. 실습프로그램 작성

```
   // RTC & HUM -- Jumper num J3
   // Relay --  Jumper num J5
   // LCD --  Jumper num J6


   #include <SHT1x.h>
   #include <LiquidCrystal.h>

   LiquidCrystal lcd(40, 54, 41, 42, 43, 44, 45);

   // Specify data and clock connections and instantiate SHT1x object
   #define dataPin  22
   #define clockPin 23
   SHT1x sht1x(dataPin, clockPin);
```

```
void setup()
{
  // Open serial connection to report values to host
  Serial.begin(9600);
  Serial.println("Starting up");
  pinMode(32, OUTPUT);  //LED Set "Relay Board Cn1"
  pinMode(33, OUTPUT);  //LED Set "Relay Board Cn2"

}
void loop()
{
  float temp_c;
  float temp_f;
  float humidity;

  // Read values from the sensor
  temp_c = sht1x.readTemperatureC();
  temp_f = sht1x.readTemperatureF();
  humidity = sht1x.readHumidity();

  // Print the values to the serial port
  Serial.print("Temperature: ");
  Serial.print(temp_c, DEC);
  Serial.print("C / \n");

  delay(1000);

  if(temp_c >= 32) // Now Temperature !!!!!!!!!!!!!!!!!!!!!!!!!!!!!!!!!!!!!!!
  {
    Serial.print("Relay Cn1 On\n");
    Serial.print("Turn On Air conditioner 0n\n");
    digitalWrite(32, LOW);
    digitalWrite(33, HIGH);
    delay(1000);
    lcd.begin(8,2);
    lcd.clear();
    lcd.setCursor(0,0);
```

```
    lcd.print("Temp: ");
    lcd.print(temp_c,DEC);
    lcd.setCursor(0,1);
    lcd.print("AirconOn");
}

else
{
    Serial.print("Relay Cn2 On\n");
    Serial.print("Trun Off the Air conditioner On\n");

    digitalWrite(33, LOW);
    digitalWrite(32, HIGH);
    delay(1000);
    lcd.begin(8,2);
    lcd.clear();
    lcd.setCursor(0,0);
    lcd.print("Temp: ");
    lcd.print(temp_c,DEC);
    lcd.setCursor(0,1);
    lcd.print("AirconOff");
  }
}
```

바. 실습프로그램 설명

소스에서 보면 기본 온도를 32도에 맞추어 놓았습니다. 이 설정 온도가 되면 릴레이를 켜서 이 릴레이에 연결된 선풍기를 동작시켜 온도를 낮추고 온도가 32도보다 낮아지면 선풍기를 꺼서 온도를 유지 하는 것입니다. 이렇게 동작 되고 있는 상황은 같이 연결된 LCD에 표시를 하게 됩니다. 이 소스는 항온 및 항습 시설 등에 응용하면 좋을 것입니다.

사. 응용과제

여러 가지 조건 값을 써서 온도의 변화를 조절하는 프로그램을 구성하여 줍시다.

5.5 실내 밝기에 따른 조명 제어 프로그램

가. 실습목표

앞장의 항온 실습과 같은 구조의 회로입니다. 다른 것은 온습도센서를 Cds로 바꾸었으므로 제어 값이 온습도가 아닌 빛(밝기)에 의한 제어입니다. 자동 점등 가로등이나 자동차의 자동 헤드라이트 등에 활용이 가능할 것입니다.

나. 실습회로도 구성

1. 사용 재료 목록

부품명	규 격	수 량
메인 모듈	Fno-ADK	1
AD TEST 모듈	AD TEST Module	1
LCD 모듈	CHARLCD Module	1
릴레이 모듈	RELAY Module	1

2. 회로도

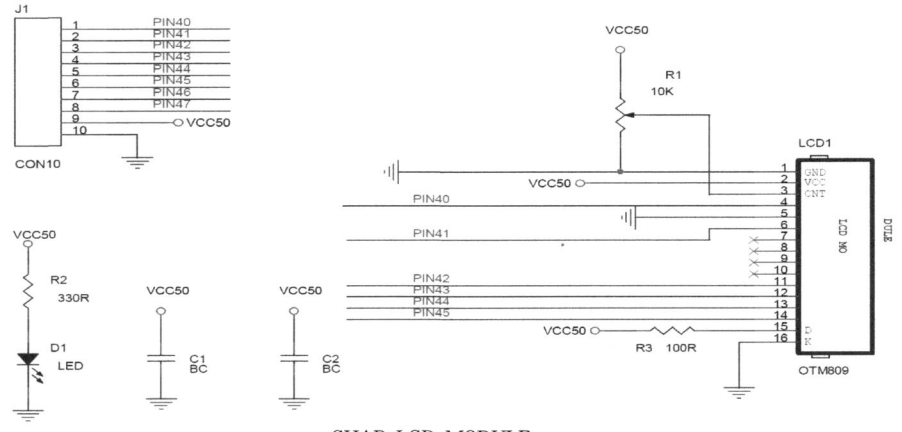

CHAR LCD MODULE

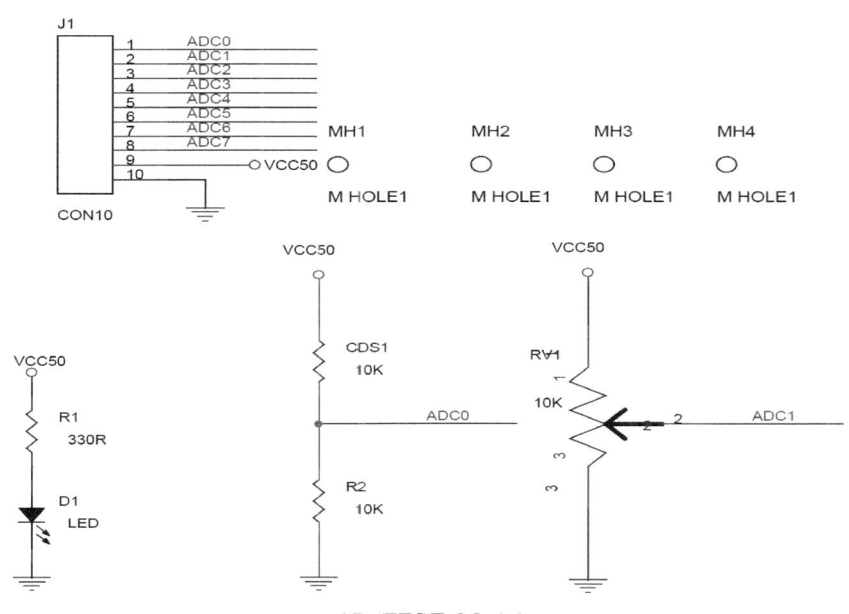

AD TEST Module

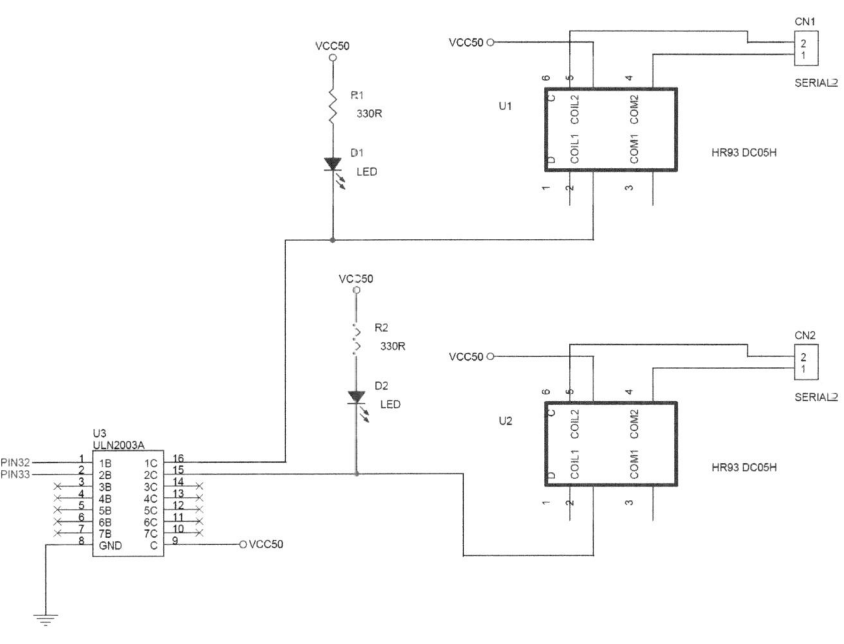

RELAY

다. 관계지식

앞의 항온 실습과 같은 구조의 회로입니다. 다른 것은 온습도센서를 Cds로 바꾸었으므로 제어 값이 온습도가 아닌 빛(밝기)에 의한 제어입니다. 자동 점등 가로등이나 자동차의 자동 헤드라이트 등에 활용이 가능할 것입니다.

라. 실습회로 접속의 실제

마. 실습프로그램 작성

```
// AD Test --  Jumper num J8
// Relay --  Jumper num J5
// LCD --  Jumper num J6
#include <LiquidCrystal.h>

LiquidCrystal lcd(40, 54, 41, 42, 43, 44, 45);

// Analog input pin that the potentiometer is attached to
const int cdsInPin = A0;
// Analog input pin that the potentiometer is attached to
const int analogInPin = A1;
```

```
int sensorValue = 0;          // value read from the pot
int cdsValue = 0;             // value read from the pot

void setup()
{
  // Open serial connection to report values to host
  Serial.begin(9600);
  Serial.println("Starting up");
  pinMode(32, OUTPUT);  //LED Set "Relay Board Cn1"
  pinMode(33, OUTPUT);  //LED Set "Relay Board Cn2"
}

void loop()
{
  // read the analog in value:
  sensorValue = analogRead(analogInPin);
  cdsValue = analogRead(cdsInPin)*10;
  // 센서 특성에 따라 값의 크기를 조절하기 위해서 뒤에 10을 곱함.

  // print the results to the serial monitor:
  Serial.print("sensor = " );
  Serial.println(sensorValue);
  Serial.print("cds = " );
  Serial.println(cdsValue);

  // wait 10 milliseconds before the next loop
  // for the analog-to-digital converter to settle
  // after the last reading:
  delay(1000);
```

05

```
if(cdsValue >= 260) //
  {
    Serial.print("Relay Cn1 On\n");
    Serial.print("Trun off Light On\n");

    digitalWrite(33, LOW);
    digitalWrite(32, HIGH);
    delay(1000);
    lcd.begin(8,2);
    lcd.clear();
    lcd.setCursor(0,0);
    lcd.print("cds");
    lcd.print(cdsValue,DEC);
    lcd.setCursor(0,1);
    lcd.print("lightoff");
  }

  else
  {
    Serial.print("Relay Cn2 On\n");
    Serial.print("Trun On the light On\n");

    digitalWrite(32, LOW);
    digitalWrite(33, HIGH);
    delay(1000);
    lcd.begin(8,2);
    lcd.clear();
    lcd.setCursor(0,0);
    lcd.print("cds ");
    lcd.print(cdsValue,DEC);
    lcd.setCursor(0,1);
    lcd.print("light on");
  }
}
```

바. 실습프로그램 설명

소스에서 보면 기본 밝기를 260에 맞추어 놓았습니다. 이 설정 값이 되던 릴레이를 켜서 이 릴레이에 연결된 가로등 등 조명기구를 동작시켜 밝기를 변화 시킵니다. 즉 앞장의 실험은 기본 설정 온도 값에 따라 변화가 되는 것 이라면 이 실험은 밝기를 측정해서 조명을 제어하는 것입니다. 이렇게 동작되고 엶는 상황은 같이 연결된 LCD에 표시를 하게됩니다. 이 소스는 가로등 제어 및 빛 밝기를 바꿔 주는 시설 등에 응용하면 좋을 것입니다.

사. 응용과제

여러 가지 조건 값을 써서 밝기의 세기를 조절하는 프로그램을 구성하여 봅시다.

5.6 초음파 센서와 LCD, Piezo를 활용한 프로그램

가. 실습목표

이번 실습은 초음파 센서와 LCD를 활용하여 초음파 센서의 일정거리 이하로 들어오는 물체가 있을 경우 부져(Piezo)를 울려 경고 하는 프로그램을 구성합니다. 이 실습을 통해 아날로그 입력에 대한 LCD 디스플레이와 if 문을 활용한 프로그램 구성을 알아보겠습니다.

나. 실습회로도 구성

1. 사용 재료 목록

부품명	규 격	수 량
메인 모듈	Fno-ADK	1
초음파 모듈	Ultrasonic Module	1
LCD 모듈	CHARLCD Module	1
PWM 모듈	PWM Servo Module	1

2. 회로도

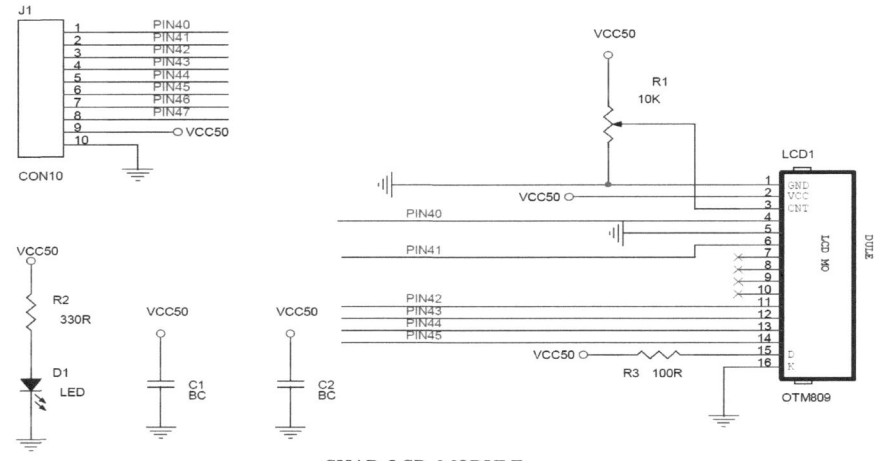

CHAR LCD MODULE

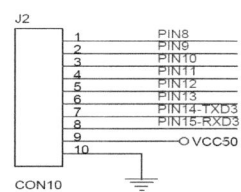

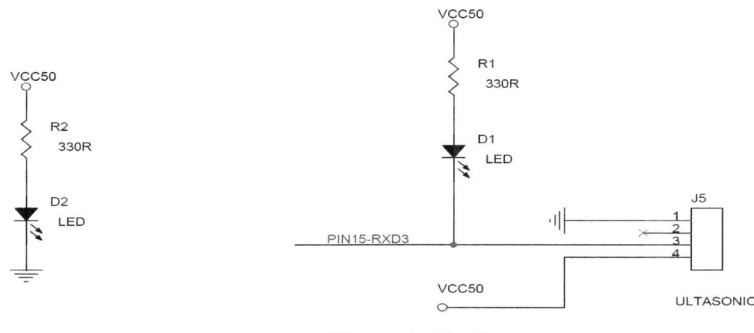

Ultrasonic Module

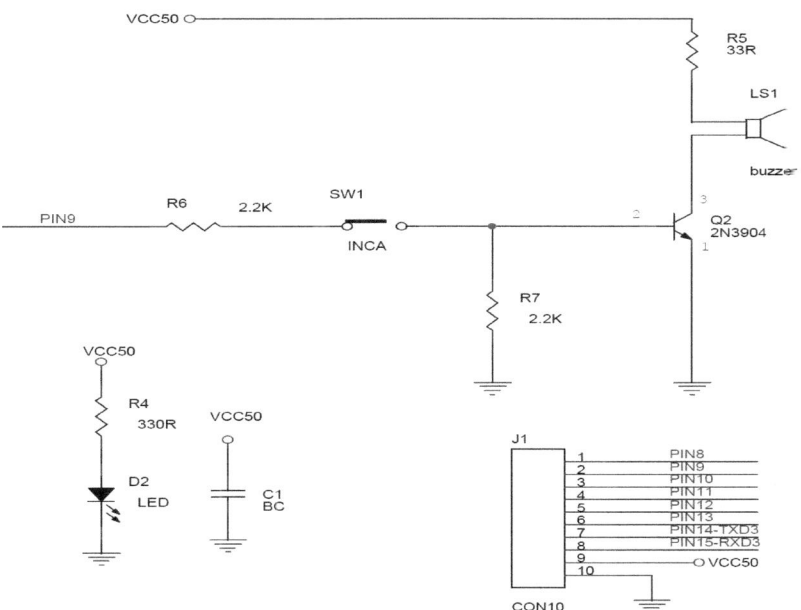

PWM Servo Module

다. 관계지식

이번 실습은 초음파센서를 이용해서 거리를 측정하고 이를 LCD에 표시하고 정해진 거리에 따라서 Piezo 센서의 소리 알려주는 것입니다. 자동차 후방 감지기나 스마트 선풍기 등에 활용할 수 있는 소스입니다. 이 회로에 Relay 모듈을 연결하면 측정 및 경고만 하는 것이 아니라 거리에 따라서 전기기기의 제어까지도 해 볼 수 있습니다.

라. 실습회로 접속의 실제

마. 실습프로그램 작성

```
// LCD ──  Jumper num J6
// PWM ──  Jumper num J5
// Ultrasonic ──  Jumper num J2

#include <LiquidCrystal.h>

// Connections:
// rs (LCD pin 4) to Arduino pin 12
// rw (LCD pin 5) to Arduino pin XX (TEMP PIN NO), fixed for write
// enable (LCD pin 6) to Arduino pin 10
// LCD pins d4, d5, d6, d7 to Fno ADK pins 42,43,44,45
```

```
LiquidCrystal lcd(40, 41, 42, 43, 44, 45);

const int pwmpin2 = 33;  // Piezo

// Piezo setup
int hz = 0;

// Ultrasonic setup
long Distance;
long Tempture = 25; // Ultrasonic Sensor 거리 변환 변수

unsigned long duration;
int pin = 15;  // Ultrasonic Sensor

void setup()
{
    // columns, rows.  use 8,2 for a 8 x 2 LCD, etc.
    lcd.begin(8,2);
    lcd.clear();          // start with a blank screen

    Serial.begin(9600);

    pinMode(pin,OUTPUT);
    digitalWrite(pin, LOW);

}
void loop()
{
    delay(1000);

    pinMode(pin,OUTPUT);
```

```
        digitalWrite(15,HIGH);
        delayMicroseconds(10);
        digitalWrite(15,LOW);
        pinMode(pin,INPUT);
        duration = pulseIn(pin, HIGH);


        Distance = (331.5 + 0.607 * Tempture) * ( duration * 0.001 / 2 );


        Serial.print("value (mm) = ");
        Serial.println(Distance);

    if (Distance <= 200)
    {
        lcd.setCursor(0,0);
        lcd.print(Distance);
        lcd.print("    ");
        lcd.setCursor(6,0);
        lcd.print("mm");
        lcd.setCursor(0,1);
        lcd.print("WARNING!");
        tone(pwmpin2,3000);
    }
```

```
        else
        {
        lcd.setCursor(0,0);
        lcd.print(Distance);
        lcd.setCursor(6,0);
        lcd.print("mm");
        lcd.setCursor(0,1);
        lcd.print("GO!DRIVE");
        tone(pwmpin2,0);
        }
    }
```

바. 실습프로그램 설명

소스를 보면 초기 초음파 센서 측정 거리 값을 200mm에서 측정 및 동작합니다.

사. 응용과제

```
void loop() {     // read the state of the pushbutton value:
  buttonState = digitalRead(buttonPin1);
  // 모터의 아날로그 값(0~255)에 맞게 수치 조정
  motorspeed = sensorValue / 4;
    analogWrite(5, motorspeed);
  analogWrite(4, motorspeed);
    Serial.print("poten : ");
  Serial.println(sensorValue);
  Serial.print("motor : ");
  Serial.println(motorspeed);
  delay(200);
}
```

5.7 스마트 폰을 이용한 LED 원격 제어

가. 실습목표

블루투스 모듈을 응용하면 스마트 폰을 이용하여 원격으로 모듈을 제어할 수 있습니다. 스마트 폰을 이용한 LED제어를 통해 기본적인 원격 제어 구조에 대해 알아봅시다.

나. 실습회로도 구성

1. 사용 재료 목록

부품명	규 격	수 량
메인 모듈	Fno-ADK	1
블루투스 모듈	Btbee & Zigbee Module	1
디지털 IO 모듈	Digital I/O Module	1

2. 회로도

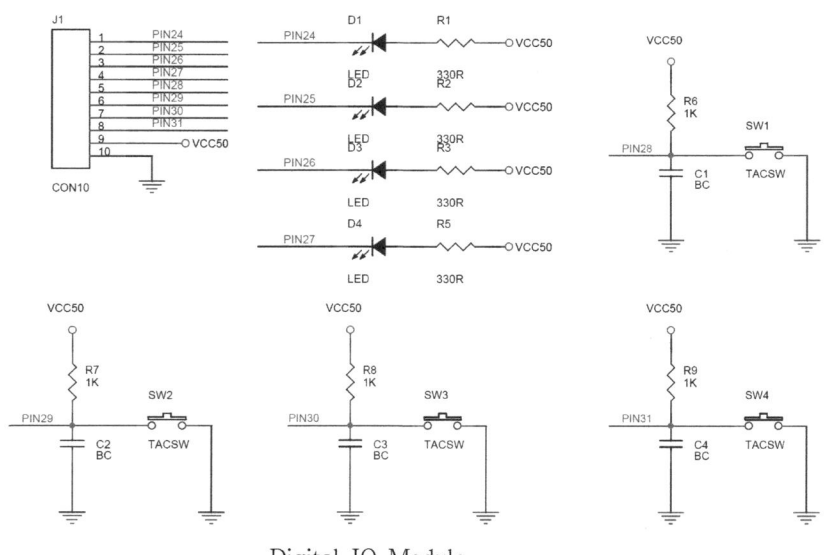

Digital IO Module

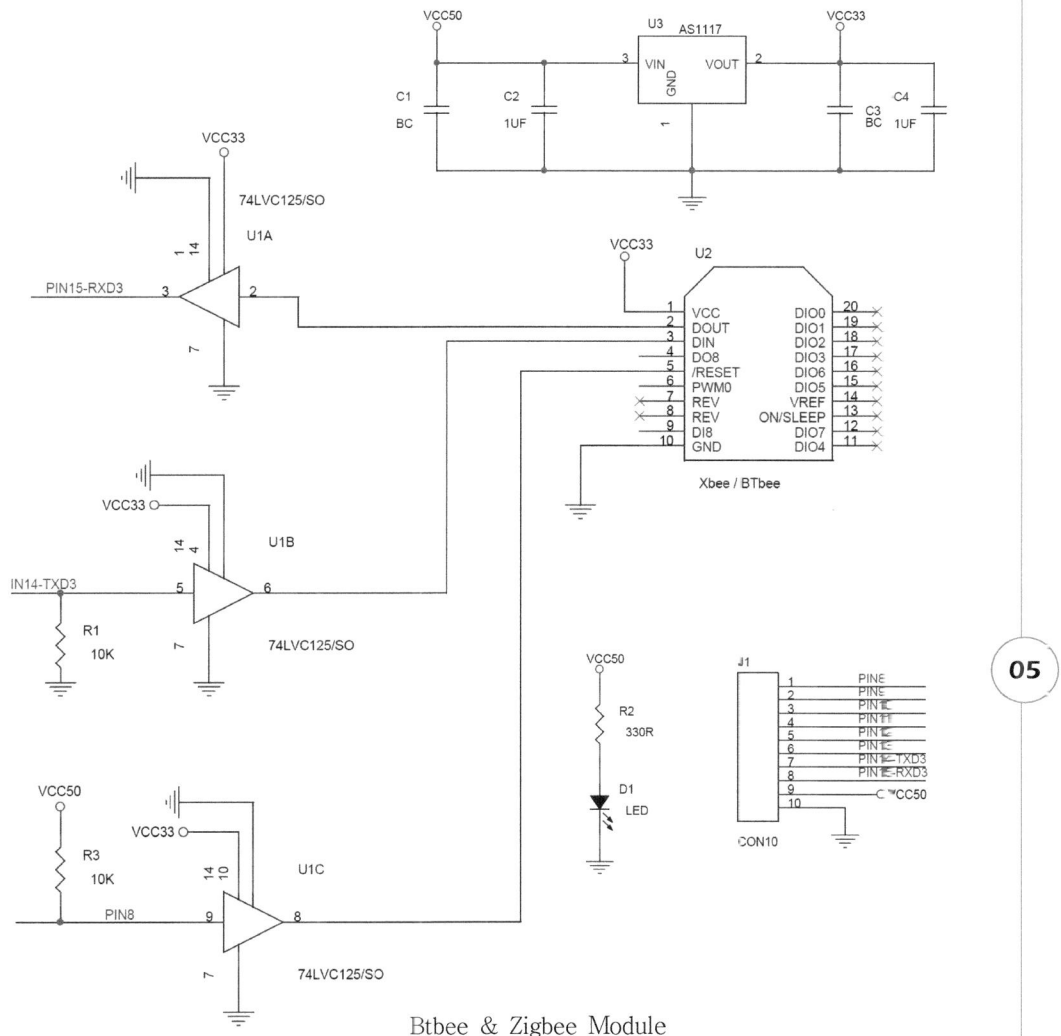

Btbee & Zigbee Module

다. 관계지식

본 실습을 위하여 스마트폰에 전용 어플을 설치하여야 합니다. 전용 어들은 제
공된 자료에 첨부되어 있습니다.

* 팁 : 본인의 스마트 폰과 페어링 시 linvor란 기기가 여러개 표시될 수 있으

므로 그 중 본인이 사용 하고 있는 장비와의 페어링을 위해서는
Bluetooth Module(청색)에 적힌 Tag 번호를 확인하고 그것을 선택해야
본인의 스마트폰과 페어링이 됩니다. 단, linvor의 초기 비밀번호는
1234입니다.

라. 실습회로 접속의 실제

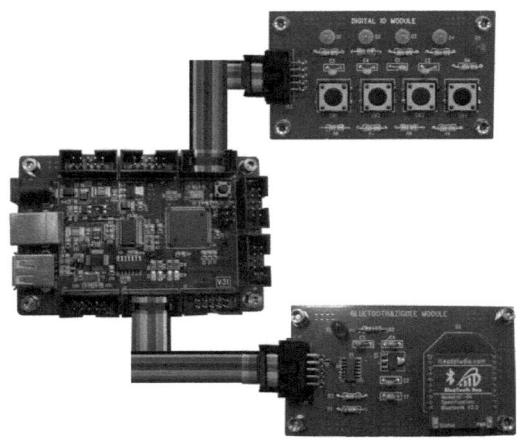

마. 실습프로그램 작성

```
// BTB  --   Jumper num J2
// Digital IO   --  Jumper num J4

#include <SoftwareSerial.h>

#define PIN_F   24
#define PIN_B   25
#define PIN_L   26
#define PIN_R   27

#define ledPin 13

//SoftwareSerial SSerial =  SoftwareSerial(rxPin, txPin);
```

```
int toqL = 0;
int toqR = 0;

char Bled =0;
char Fled =0;
char Lled =0;
char Rled =0;

//#define serialWaitChars(n) while(Serial.available() < n){delay(10);}
void setup(){

  pinMode(PIN_F, OUTPUT);
  pinMode(PIN_B, OUTPUT);
  pinMode(PIN_L, OUTPUT);
  pinMode(PIN_R, OUTPUT) ;
  digitalWrite(PIN_F, HIGH);
  digitalWrite(PIN_B, HIGH);
  digitalWrite(PIN_L, HIGH);
  digitalWrite(PIN_R, HIGH);

  Serial3.begin(9600); //블루투스 3번통신 채널사용시(RX14번, TX15번)
  Serial.begin(9600);
}

void loop()
{
  char cmd_buf[3];
  char cmd;

//    cmd_buf[0]=SSerial.read();
//    cmd_buf[1]=SSerial.read();
//    cmd_buf[2]=SSerial.read();

//    cmd_buf[0]=SSerial.read();
//    cmd_buf[1]=SSerial.read();
//    cmd_buf[2]=SSerial.read();
```

```
//      Serial.print("\r\n read==>" );
//      cmd= Serial.read();
//      Serial.print((int)cmd);
if (Serial3.available() > 1)
{
    if ( Serial3.read() == 'R')
    {   delay(3);
      if ( Serial3.read() == 'C')
      {    delay(3);
            char rch = Serial3.read();
            if(rch == 'B') {
            if(Bled) Bled=0;else Bled = 1;
            if(Bled) digitalWrite(PIN_B, LOW);
            else digitalWrite(PIN_B, HIGH);
            }
        if(rch == 'F') {
            if(Fled) Fled=0;else Fled = 1;
            if(Fled) digitalWrite(PIN_F, LOW);
            else digitalWrite(PIN_F, HIGH);
            }
            if(rch == 'L') {
            if(Lled) Lled=0;else Lled = 1;
            if(Lled) digitalWrite(PIN_L, LOW);
            else digitalWrite(PIN_L, HIGH);
              }
        if(rch == 'R') {
            if(Rled) Rled=0;else Rled = 1;
            if(Rled) digitalWrite(PIN_R, LOW);
            else digitalWrite(PIN_R, HIGH);
              }
            if(rch == 'S') {
            digitalWrite(PIN_F, HIGH);
            digitalWrite(PIN_B, HIGH);
            digitalWrite(PIN_L, HIGH);
            digitalWrite(PIN_R, HIGH);
```

```
                    Bled =0; Fled =0; Lled =0; Rled =0;

/*
        switch( Serial1.read() )
        {
        case 'B': digitalWrite(PIN_B, LOW);
            break;
        case 'F': digitalWrite(PIN_F, LOW);
            break;
        case 'L': digitalWrite(PIN_L, LOW);
            break;
        case 'R': digitalWrite(PIN_R, LOW);
            break;
        default:
            digitalWrite(PIN_F, HIGH);
            digitalWrite(PIN_B, HIGH);
            digitalWrite(PIN_L, HIGH);
            digitalWrite(PIN_R, HIGH);
          break;
        }
      */
    Serial.println("CMD OK");
//  Serial.print((int)cmd_buf[0]);
//  Serial.print((int)cmd_buf[1]);
//  Serial.print((int)cmd_buf[2]);
//  Serial.print("\r\n");
    }
  }
  delay(10);
  }
}

void motorControl(int pwmA, int pinB, int toq)
{
  if (-255 > toq) toq = 0;
  if (255 < toq) toq = 0;
```

```
        if (0 < toq) {
          /* Forward */
          digitalWrite(pinB, LOW);
          analogWrite(pwmA, toq);
        } else if (0 > toq) {
          /* Backward */
          digitalWrite(pinB, HIGH);
          analogWrite(pwmA, 255 + toq);
        } else /*if (0 == toq)*/ {
          /* Stop */
          digitalWrite(pwmA, LOW);
        digitalWrite(pinB, LOW);
        }
      }

      /* vim: set sw=2 et: */
```

바. 실습프로그램 설명

스마트 폰에 제공된 TankCon 어플을 설치한 다음 블루투스 연결 설정하여 linvor를 검색 페어링 한 후 연결이 확인되면 어플을 실행합니다. 어플이 성공적으로 실행되면 LED가 동작되며, PWM 모터를 연결할 경우 모터의 움직임을 확인할 수 있습니다.

* 팁 : 본인의 스마트 폰과 페어링 시 linvor란 기기가 여러개 표시될 수 있으므로 그 중 본인이 사용하고 있는 장비와의 페어링을 위해서는 Bluetooth Module(청색)에 적힌 Tag 번호를 확인하고 그것을 선택해야 본인의 스마트폰과 페어링이 됩니다. 단, linvor의 비밀번호는 1234입니다.

사. 응용과제

Digital I/O 모듈 대신 PWM Servo Module을 연결하여 시스템을 구성하여 봅시다.

Twitter 통신

가. 실습목표

이번 실습은 Fno-ADK 모듈에 블루투스 모듈을 연결하여 블루투스 통선을 하기위한 베이스 프로그램 구성을 만드는 과정입니다. 블루투스 모듈을 인식시키고 블루투스에서 나오는 데이터를 PC의 시리얼 모니터에 디스플레이 시켜 현재 주고받는 데이터를 확인할 수 있도록 합니다. 블루투스 모듈은 HC-06을 사용하고 있으며 연결 핀 구성은 하드웨어는 데이터 케이블은 J2번과 연결하고 프로그램 상의 핀 설정은 BTBee RX는 PIN 14번, BTBee TX는 PIN 15번으로 설정합니다.

나. 실습회로도 구성

1. 사용 재료 목록

부품명	규 격	수 량
메인 모듈	Fno-ADK	1
블루투스 모듈	BTBEE & ZIGBEE MODULE	1

2. 회로도

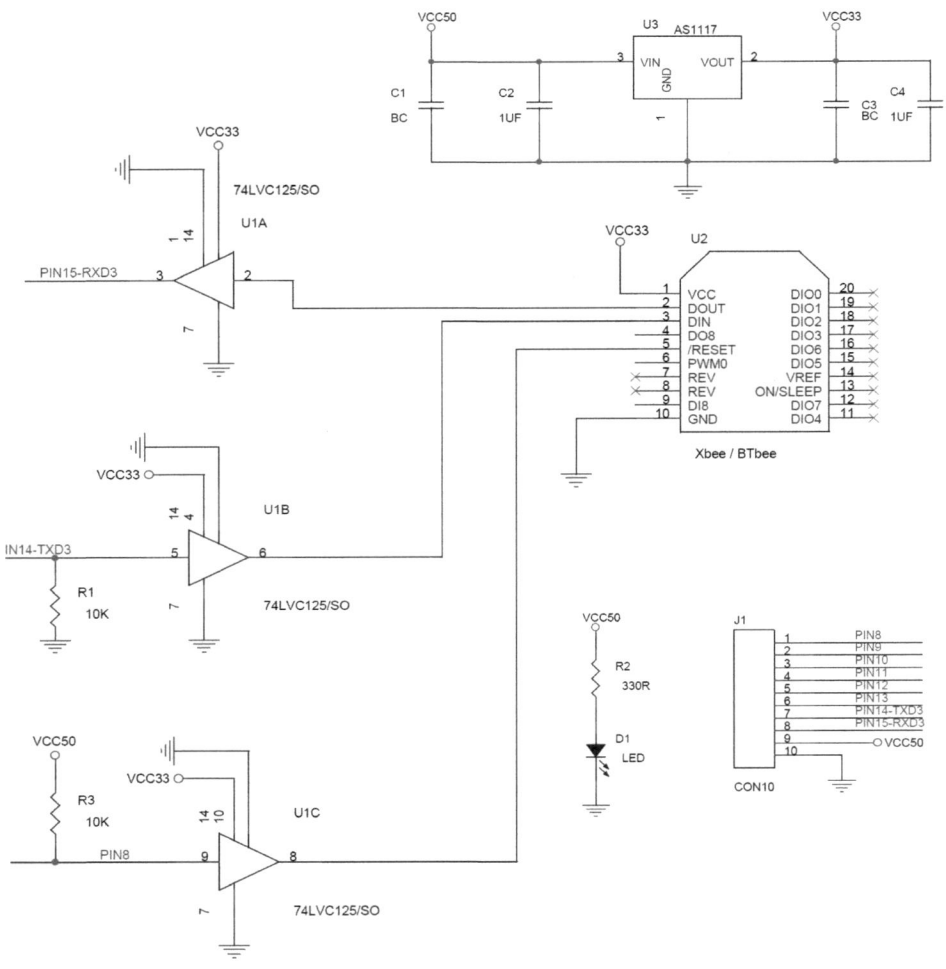

Btbee & Zigbee Module

다. 관계지식

블루투스 HC-06 모듈

시리얼 데이터 전송용 모듈로 슬레이브 모듈은 블루투스 동글이나 안드로이드 스마트폰 등과 같은 블루투스(마스터) 장치와 연결할때 사용됩니다.

마스터 모듈은 전원이 연결되면 블루투스 모듈 HC-06 (슬레이브)와 연결이 됩니다.

* 팁 : 본인의 스마트 폰과 페어링 시 linvor란 기기가 여러개 표시될 수 있으므로 그 중 본인이 사용 하고 있는 장비와의 페어링을 위해서는 Bluetooth Module(8각 청색) 상단에 적힌 Tag 번호를 확인하고 그것을 선택해야 본인의 스마트폰과 페어링이 됩니다. 단, linvor의 비길번호는 1234입니다. 스마트폰 마다의 사양이 조금씩 다르므로 장비와 제공된 전용 demo app(main control.apk)을 이용하세요.

사양
- EDR 블루투스 2.0, 2Mbps-3Mbps 변조
- 2.4GHz 안테나 내장
- 외부 8Mbit FLASH
- 3.3V 저전압 동작
- 옵션 PIO 제어
- 표준 HCI 포트(UART)
- SMD 배치 프로세스로 모듈
- RoHS 규제 절차
- 디지털 2.4GHz 무선 송신
- CSR BC04 블루투스 칩 기술
- 크기 (27mm×13mm×2mm)
- 블루투스 클래스 2 전력 레벨
- 보관 온도 : -40 +85도, 작동 온도 : -25으로 75도

라. 실습회로 접속의 실제

마. 실습프로그램 작성

```
// BTB -- Jumper num J2

#include <SoftwareSerial.h>

int rcnt = 0;
char incomingByte;
void setup()
{
  // set the data rate for the SoftwareSerial port
  Serial3.begin(9600);
  Serial.begin(9600);
  Serial3.println("Bluetooth Connection Test");
  Serial3.println("Send Data By Serial Teminal");
}
```

```
    void loop() {

        if(Serial3.available() > 0   )
        {
                incomingByte = Serial3.read();

                //echo the data by bluetooth
                Serial.print("Recv d: ");
                Serial.println(incomingByte, DEC);
        //PC에서   타이프한   수나   문자는   아스키코드(DEC)형태로   출력 된다.
        }
    }
```

바. 실습프로그램 설명

블루투스 모듈을 통해 메인 모듈과 스마트 폰과 통신을 받고 그 결과를 시리얼 모니터로 모니터링합니다.

1. 구글 플레이에서 [BT Chat 아두이노] 검색 후 설치
2. 먼저 스마트 폰의 블루투스 기능을 활성화 시킵니다.
3. 아두이노 HC-06 슬레이브 모듈이 페어링 대기상태에 들어가도록 합니다.
4. GitHub에서 받은 소스를 빌드하거나 APK 파일을 받아서 폰에 설치.
   https://github.com/godstale/BTChat
5. 폰의 설정 > 블루투스에서 off 상태이면 BT on으로 바꿉니다.
6. BluetoothChat 앱을 실행-메뉴키-Connect a device 선택
7. Device List에 HC-06 슬레이브 모듈이 보이는지 확인
8. HC-06 모듈이 보이면 선택-연결이 정상적으로 완료되면 채팅 가능

폰으로 글 적으면 PC의 Serial Monitor에서 보이는지 확인, 반대도 확인

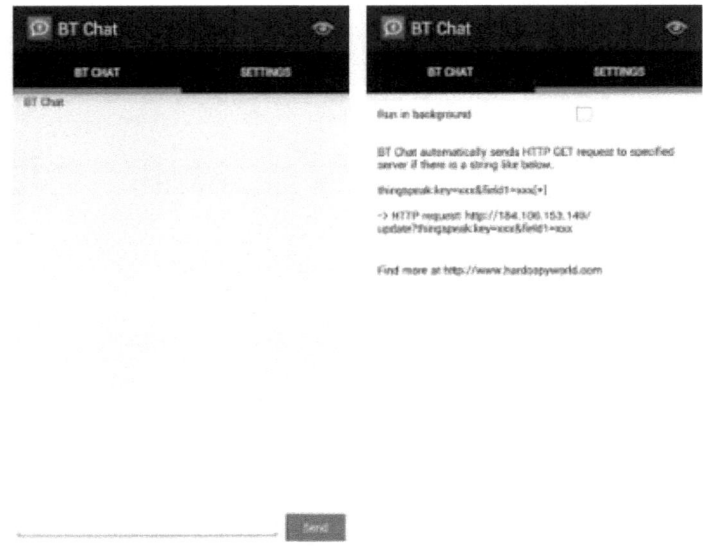

사. 응용과제

DC 모터 모듈에 신호를 전달할 수 있는 방법에 대해 연구해 보십시오.

06장

06

F-no 활용 예제

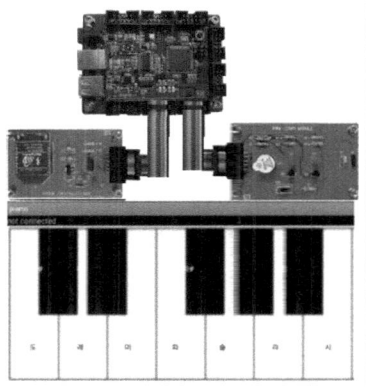

6.1 스마트 폰을 이용한 모형 차량 제어_(김홍철)

가. 실습목표

블루투스 모듈을 응용하면 스마트 폰을 이용하여 원격으로 모듈을 제어할 수 있습니다. 스마트 폰을 이용한 모터제어를 통해 모형 탱크를 제어하는 방법에 대해 알아봅시다.

나. 실습회로도 구성

1. 사용 재료 목록

부품명	규 격	수 량
메인 모듈	Fno-ADK	1
블루투스 모듈	Btbee & Zigbee Module	1
모터 모듈	Fno Motor	1
초음파 모듈	Ultrasonic Module	1

2. 동작설명

차량의 앞에 초음파 센서가 장착이 되어서 주행 중에 차량 앞에 물체를 감지하면 정지하고 좌측으로 조금 움직인 후 전진을 하는데 이 때도 장애물이 감지되면 다시 좌측으로 방향을 틀어서 주행을 하고, 같은 동작을 반복해서 장애물을 피해 갑니다.

안드로이드 앱을 설치하고 휴대폰에 음성으로 전진, 후진, 정지의 각각 명령을 하면 그에 따라서 차량이 움직입니다.

안드로이폰의 앱에서 수동으로 차량을 전진, 정지, 회전 등으로 제어를 할 수 있습니다.

다. 관계지식

본 실습을 위하여 스마트 폰에 전용 앱을 설치하여야 합니다. 전용 앱은 아래에 코드가 첨부되어 있으니 참고하도록 하세요.

라. 실습회로 접속의 실제

[아두이노 구현 화면]

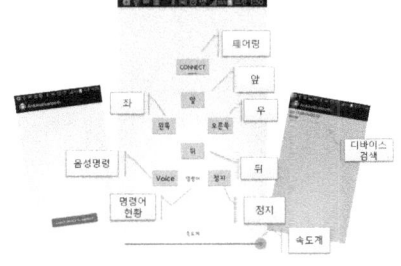

[어플리케이션
구현 화면]

마. 실습프로그램 작성(아두이노)

```
#include <SoftwareSerial.h>

int incomingByte; //블루투스 데이터 수신 변수

//초음파센서 거리측정용 변수
int dummcnt;
```

```
long Distance;
long Tempture;
unsigned long duration;

//초음파센서 핀번호
int pin = 23;

//차량의 정지유무를 판단
boolean av = false;

//인덱스 0은 속도를 담는 방, 인덱스 1은 제어명령 숫자를 받는 방
int comm[2]={255,0};

//모터 핀 설정
#define MOT1DIR1 5
#define MOT1DIR2 6
#define MOT1PWM 7

#define MOT2DIR1 2
#define MOT2DIR2 3
#define MOT2PWM 4

void setup()
{
    // set the data rate for the SoftwareSerial port
    Serial.begin(9600);
    Serial3.begin(9600);
    Serial.println("Bluetooth Connection Test");
    Serial.println("Send Data By Serial Teminal");
    digitalWrite(9, HIGH);

    pinMode(MOT1DIR1, OUTPUT); // initialize the digital pin as an
output.
    pinMode(MOT1DIR2, OUTPUT);
    pinMode(MOT1PWM, OUTPUT);
    pinMode(MOT2DIR1, OUTPUT); // initialize the digital pin as an
```

```
output.
    pinMode(MOT2DIR2, OUTPUT);
    pinMode(MOT2PWM, OUTPUT);

    digitalWrite(MOT1DIR1, HIGH);
    digitalWrite(MOT1DIR2, HIGH);
    digitalWrite(MOT2DIR1, HIGH);
    digitalWrite(MOT2DIR2, HIGH);
}

void loop() {

    //초음파센서 값 측정
    delay(100);
    pinMode(pin,OUTPUT);
    digitalWrite(pin,HIGH):
    delayMicroseconds(10);
    digitalWrite(pin,LOW);
    pinMode(pin,INPUT);
    duration = pulseIn(pin, HIGH);
    Distance = (331.5 + 0.607 * Tempture) * ( duration * 0.001 / 2 );
    //이 조건에 해당할 경우 정지 상태에서 장애물 인지로 인한 불필요한
      후진을 안하게된다.
    //만약 거리가 300미만이고 av 즉 차량이 움직이는 중이면
    if(Distance<300 && av == true)
    {

        //뒤로 물러났다가 왼쪽으로 꺾어서 전진
        back();
        delay(2500);
        forward();
        left();
    }
    if(Serial3.available() > 0   )
    {
        incomingByte = Serial3.read();
```

```
//echo the data by bluetooth
switch(incomingByte)
{
case 1://전진
        forward();
        comm[1]=1;
        break;
case 2://후진
        back();
        comm[1]=2;
        break;
case 3://좌
        left();
        comm[1]=3;
        break;
case 4://우
        right();
        comm[1]=4;
        break;
case 0://정지
        stop_();
        comm[1]=0;
        break;
default://나머지 메시지는 속도로 간주
        comm[0]=incomingByte;
        if(comm[1]==1)
                forward();
        else if(comm[1]==2)
                back();
}
Serial.print("Recv d: ");
Serial.println(incomingByte, DEC);
Serial.println(comm[0], DEC);
}
}
```

```
void forward(){
      //차량을 이동상태로 바꾸고 comm[0]방의 속도로 움직임
      av = true;
      digitalWrite(MOT1DIR1, HIGH);
      digitalWrite(MOT1DIR2, LOW);
      analogWrite(MOT1PWM,comm[0]);
}
void back(){
      av = true;
      digitalWrite(MOT1DIR1, LOW);
      digitalWrite(MOT1DIR2, HIGH);
      analogWrite(MOT1PWM,comm[0]);
}
void left(){
      digitalWrite(MOT2DIR1, HIGH);
      digitalWrite(MOT2DIR2, LOW);
      analogWrite(MOT2PWM,100);
      delay(500);
      analogWrite(MOT2PWM,0);
      delay(1200);
      digitalWrite(MOT2DIR1, LOW);
      digitalWrite(MOT2DIR2, HIGH);
      analogWrite(MOT2PWM,100);
      delay(300);
      analogWrite(MOT2PWM,0);
}
void right(){
      digitalWrite(MOT2DIR1, LOW);
      digitalWrite(MOT2DIR2, HIGH);
      analogWrite(MOT2PWM,100);
      delay(500);
      analogWrite(MOT2PWM,0);
      delay(1200);
      digitalWrite(MOT2DIR1, HIGH);
      digitalWrite(MOT2DIR2, LOW);
      analogWrite(MOT2PWM,100);
```

```
            delay(200);
            analogWrite(MOT2PWM,0);
    }


    void stop_(){
        //차량 상태를 정지로 만듬
        av = false;
        digitalWrite(MOT1DIR1, HIGH);
        digitalWrite(MOT1DIR2, HIGH);
        analogWrite(MOT1PWM,0);
        digitalWrite(MOT2DIR1, HIGH);
        digitalWrite(MOT2DIR2, HIGH);
        analogWrite(MOT2PWM,0);
    }
```

바. 실습프로그램 설명

스마트 폰에 제공된 TankCon 앱을 설치한 다음 블루투스 연결 설정하여 linvor를 검색 페어링 한 후 연결이 확인되면 어플을 실행합니다. 앱이 성공적으로 실행되면 스마트 폰을 통해 모형 차량을 전후로 조정할 수 있게 됩니다. 그리고 차량의 상단부에 장착된 초음파 센서를 통해서 일정 거리 이하가 된다면 차량은 자동으로 주행을 멈추게 됩니다.

사. 응용과제

회로에 다른 종류의 센서를 부착해서 다양한 기능을 하는 로봇을 구현해 봅시다.

6.2 피아노 건반 앱을 이용한 음악연주 구현(앱센터)

가. 실습목표

블루투스 모듈을 응용하면 스마트 폰을 이용하여 원격으로 모듈을 제어할 수 있습니다. 스마트 폰을 이용해 음계에 해당하는 문자를 전송시켜 줌으로써 PWM SERVO 모듈에 해당하는 주파수를 재생하는 방법에 대해 알아봅시다.

나. 실습회로도 구성

1. 사용 재료 목록

부품명	규 격	수 량
메인 모듈	Fno-ADK	1
블루투스 모듈	Btbee & Zigbee Module	1
서보 모듈	PWM Servo Module	1

다. 관계지식

본 실습을 위하여 스마트 폰에 전용 앱을 설치하여야 합니다. 전용(예제) 앱은 장비에 첨부 된 CD에 첨부되어 있으니 참고하도록 하세요.

라. 실습회로 접속의 실제

[아두이노 구현 화면]

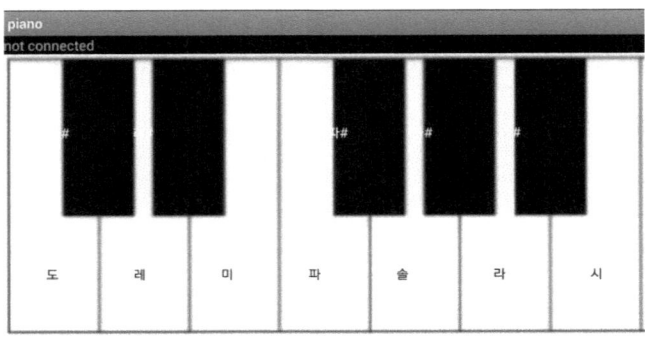

[어플리케이션 구현 화면]

마. 실습프로그램 작성(아두이노)

```
#include <SoftwareSerial.h>

#define soundPin 17

void setup(){
  pinMode(soundPin,OUTPUT);
  Serial3.begin(9600);
  Serial.begin(9600);
}

void loop()
{
```

```
Serial3.available();
char a = Serial3.read();
switch (a){
case '0':
  Serial.println("do1");
  noTone(soundPin);
  tone(soundPin, 1047, 300);
  delay(500);
  break;

case '1':
  Serial.println("re");
  noTone(soundPin);
  tone(soundPin, 1175, 300);
  delay(500);
  break;
  case '2':
  Serial.println("mi");
  noTone(soundPin);
  tone(soundPin, 1319, 300);
  delay(500);
  break;

case '3':
  Serial.println("pa");
  noTone(soundPin);
  tone(soundPin, 1397, 300);
  delay(500);
  break;
case '4':
  Serial.println("sol");
  noTone(soundPin);
  tone(soundPin, 1568, 300);
  delay(500);
  break;
```

```
        case '5':
          Serial.println("ra");
          noTone(soundPin);
          tone(soundPin, 1760, 300);
          delay(500);
          break;

    case '6':
      Serial.println("si");
      noTone(soundPin);
      tone(soundPin, 1976, 300);
      delay(500);
      break;
    case '7':
      Serial.println("do2");
      noTone(soundPin);
      tone(soundPin, 2093, 300);
      delay(500);
      break;

    case '8':
      Serial.println("do#");
      noTone(soundPin);
      tone(soundPin, 1109, 300);
      delay(500);
      break;

    case '9':
      Serial.println("re#");
      noTone(soundPin);
      tone(soundPin, 1245, 300);
      delay(500);
      break;

    case 'a':
      Serial.println("pa#");
```

```
            noTone(soundPin);
            tone(soundPin, 1475, 300);
            delay(500);
            break;
            case 'b':
            Serial.println("sol#");
            noTone(soundPin);
            tone(soundPin, 1661, 300);
            delay(500);
            break;

          case 'c':
            Serial.println("ra#");
            noTone(soundPin);
            tone(soundPin, 1845, 300);
            delay(500);
            break;
            default: break;
          }
        }
```

바. 실습프로그램 설명

안드로이드 기반의 스마트 폰에 제공된 Piano 앱을 설치한 다음 블루투스 연결 설정하여 linvor를 검색 페이링 한 후 연결이 확인되면 앱을 실행합니다. 앱이 성공적으로 실행되면 스마트 폰을 통해 건반을 누를 때 해당하는 음계의 주파 수를 PWM SERVO 모듈에서 일정시간 동안 출력하게 됩니다.

07장

07

기초 문법 1-제어문

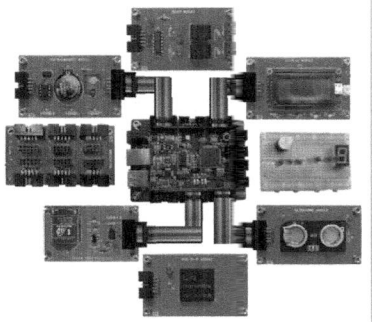

7.1 If~Else 문

가. 개요

if~else 문에서 단어if의 의미인 '만약 ~이라면'과 else의 뜻인 '그렇지 않으면' 의 의미는 프로그래밍에서의 뜻과 별반 다르지 않습니다.

그렇기 때문에 If~Else 문이 그리 어렵게 느껴지지 않을 것입니다. 이 if~else 문은 프로그램의 흐름을 결정하기 위해 쓰입니다.

나. 구조

```
if  (수식)
    문장1                    /*   수식;   */
else
    문장2
```

if~else 문을 사용한 코드를 살펴보겠습니다(약간의 생략).

```
loop (   )
{

    int n = 10;

    if (n>5)
        printf("5보다크다.");
    else
        printf("5보다 크지않다.");

}
```

위의 코드에서 n>5는 수식이며 제일먼저 계산됩니다.

여기서 수식값이 참이면 문장1을 실행시키고 참이아니면 문장2를 실행시키게 됩니다.

그러므로 위의수식은 참이 되므로 문장1이 실행되어서 결과 값은 다음과 같아 집니다.

```
5보다 크다.
```

07

7.2   Else~if 문

가. 개요

if~else 문에서 단어if의 의미인 '만약 ~이라면' 과 else의 뜻인 '그렇지 않으면' 의 의미는 프로그래밍에서의 뜻과 별반 다르지 않습니다.

그렇기 때문에 If~Else 문이 그리 어렵게 느껴지지 않을 것입니다. 이 if~else 문은 프로그램의 흐름을 결정하기 위해 쓰입니다.

나. 구조

```
if (수식1)

    문장1

else if (수식2)

    문장2

else if (수식3)

    문장3

else
    문장4
```

이 Else~If 문은 다중 판단을 할 경우 자주 사용되는 형식입니다.

Else~If 문은 위에서 부터 차례대로 계산됩니다. 먼저 수식1을 계산하고 참이면 문장1을 실행시키고 거짓이라면 수식2를 계산하고 참이면 문장2 실행, 거짓이면 다음 수식으로 넘어가는 과정을 반복합니다. 이런 식으로 반복해서 하나도 참인 것이 없다면 마지막 else의 문장을 실행시키게 됩니다. 이 부분은 실수를 검사하기 위해 사용되기도 하지만 필요가 없으면 문장을 생략할 수 있습니다.

7.3 Switch 문

가. 개요

이번에 알아볼 switch 문도 앞에서 배웠던 if~else 문과 마찬가지로 흐름을 분기시키는 역할을 합니다. 그러나 if~else 보다 간결하게 표현된다는 장점으로 인해 자주 사용됩니다.

나. 구조

```
switch (수식) {
    case 상수 : 문장
    case 상수 : 문장
    default : 문장
}
```

switch 문의 상수 수식과 상수는 정수값을 가져야 합니다. 만일 case의 상수값이 수식과 일치하면 그 뒤에 문장을 실행합니다.

case 다음의 상수들은 모두 달라야 하며 똑같은 수식은 2번 이상 사용하면 안됩니다. default 문은 모든 case에 만족되는 것이 없을시 실행되며 필요가 없을시 생략해도 됩니다. 예제 코드를 보시면 무슨 말인지 알 수 있을 것입니다.

```
switch(n)
{
    case 1:                    /* n이 1이면 여기서 부터 시작  */
        printf("A1 ");
        printf("A2 ");
    case 2:                    /* n이 2이면 여기서 부터 시작  */
        printf("B1 ");
        printf("B2 ");
    case 3:                    /* n이 3이면 여기서 부터 시작  */
        printf("C1 ");
        printf("C2 ");
```

```
        default:                    /* ㄱ에 해당하는것이 없으면 여기서 부터 시작    */
            printf("Default!");
    }
```

위의 코드를 보면 n의 값에 따라 case가 달라지고 있습니다. (여기서 n의 값은
무조건 정수값을 가져야합니다. 실수 값은 올 수 없습니다. * 한 번 해보는 것
도 좋은 방법입니다.)

만약 n이 2라면 다음과 같은 의미가 됩니다.

"n이 2라면 case2 부터 시작된다. "
출력결과 - B1 B2 C1 C2 Default!

만약 n이 3이라면 다음과 같은 의미가 됩니다.

"n이 3이라면 case3 부터 시작된다. "
출력결과 - C1 C2 Default!

만약 n이 1, 2, 3 외의 다른 경우라면 다음과 같습니다.

"n이 1, 2, 3 외의 다른 경우라면 Default부터 시작"
출력결과 - Default !

실행결과 case와 일치하는 것을 시작으로 차례차례 수행하는 것을 알 수 있습
니다. 만약 case뒤에 다른 case들을 실행하기 원치 않는다면 switch 문과
break 문을 사용하면 됩니다.

break 문은 특정 조건일 때 반복문을 빠져나오는데 사용됩니다. 사용법은 간단하므로 다음 코드를 보면 금방 알 수 있습니다.

```
switch(num)
{
    case 1:                                    ┌
      printf("A1 ");                      case 1
      printf("A2 ");                       영역
      break;                                              ┘
    case 2:                                    ┌
      printf("B1 ");                      case 2
      printf("B2 ");                       영역
      break;                                              ┘
    case 3:                                    ┌
      printf("C1 ");                      case 3
      printf("C2 ");                       영역
      break;                                              ┘
    default:
      printf("Default!");
}
```

위의 코드를 보면 알 수 있듯이 case에 마지막에 break; 만 써주시면 됩니다. 그러면 실행결과를 보겠습니다.

num 이 1일때 실행결과 -   A1 A2

num 이 2일때 실행결과 -   B1 B2

num 이 5일때 실행결과 -   Default!

7.4 순환문~while과 For

가. 개요

이번에 알아볼 while과 For 문은 문장의 반복을 제어하는 순환문의 역할을 합니다.

먼저 while의 기본 형태를 보겠습니다.

나. 구조

```
수식1;
while (수식2)
{
    문장
    수식3;
}
```

위의 while 문은 먼저 수식을 계산하고 0이 아니면(참인동안) 문장을 수행하고, 수식을 다시 계산하여 수식이 0이 될 때(거짓)까지 반복하게 됩니다. 이런 특성으로 인해 while은 반복문이라고 합니다. 그러면 while 문이 사용된 예제를 하나 보겠습니다.

```c
#include <stdio.h>

int main(void)
{
    int i = 0;

    while (i<7)     /* 7회 반복   */
    {
```

```
            printf("%d 번째 Hello World ! \n",i+1);

            i++;
        }
    return 0;
    }
```

위의 예제는 Hello World !를 7번 출력하는 반복문입니다. 위의 예제를 보면 Hello World가 한번 출력할 때 마다 i 값에 +1을 하여 반복을 하는 구조입니다. 만약 여기서 i++가 없다면 어떻게 될지 생각해봅시다. 그 결과는 while의 조건이 항상 참이므로 멈추지 않고 계속 반복할 것입니다. 이렇게 빠져나오지 못하도록 구성된 반복문을 '무한 루프'라고 합니다.

이제 while의 기본 형태를 보았으니 for 문의 기본 형태를 보겠습니다. for 문은 다음과 같습니다.

```
    for (수식1; 수식2; 수식3)
        문장
```

이것을 while로 표현하면 다음과 같습니다.

```
    수식1;
    while (수식2)
    {
        문장
        수식3;
    }
```

위처럼 for 문이 하는 것은 모두 while 문으로 표현할 수 있습니다. 하지만 for 문이 쓰일 곳에는 for 문을 쓰는 것이 더 간결하고 좋은 코드가 될 수 있습니다.
다시 본론으로 돌아와서 for 문에 대해서 알아보겠습니다.
for 문도 while 문과 마찬가지로 반복문입니다. 반복문에는 기본구성 3요소가 있는데 그 요소는 다음과 같습니다.

- 반복횟수를 세기 위한 변수
- 반복문의 탈출조건
- 탈출조건 성립을 위한 연산

이 기본구성 3요소를 같은 반복문인 while 문의 예제에서 찾아보면 다음과 같습니다.

```c
#include <stdio.h>

int main(void)
{

    int i = 0;     ①
    while (i<7)    ②   /* 7회 반복   */
    {
      printf("%d 번째 Hello World ! \n",i+1);
      i++;         ③
    }
    return 0;

}
```

위의 while 문을 보면 반복문의 기본요소가 흩어져있어서 관찰하는데 불편함이 있습니다. 그래서 이런 불편을 줄이고자 for 문이 만들어졌습니다. 불편을 줄이고자 만들어진 for 문은 반복문의 기본구성 3요소를 한 줄에 나열하는 구조로 되어있습니다. 그러면 위의 3요소를 for 문을 써서 작성해보겠습니다. 그 코드는 다음과 같습니다.

```c
for (int i=0; i < 7; i++)
{

    printf("………")

}
```

일단 for 문이 어떤 형태인지 알았으니 흐름에 대해서 알아보겠습니다. 흐름을 알기 위해서는 위 코드와 조금 달라진 코드를 사용합니다. 그 코드는 다음과 같습니다.

```
for (int i=0; i < 3; i++)    /*      int i=0  -①    */
{                            /*      i < 3    -②    */
    printf("………")           /*     printf("………")       -③      */

}                            /*      i++          -④          */
```

```
<흐름>

첫번째 루프  ①→②→③→④     i=1

두번째 루프  ②→③→④        i=2

세번째 루프  ②→③→④        i=3

네번째 루프  ②             i=3 end
```

여기서 주목할 점은 ①번은 for 문 처음에만 실행되며 ④번은 반복 영역을 실행하고 마지막에 실행된다는 점입니다. 특히 ④번은 주의하기 바랍니다. 위의 번호에도 이름이 붙여져 있는데 ①은 초기화하기 때문에 초기식 ②에는 반복을 위한 조건이 오기 때문에 조건식 ④에는 탈출을 위한 연산식인 증가나 감소가 옴으로 증감식이라 합니다. 이름으로 정리하면 다음과 같습니다.

```
for (초기식; 조건식; 증감식)
{

    for 문의 몸체

}
```

이 for 문도 필요한 것만 쓰고 필요 없는 것은 빼도 됩니다. 초기식, 증감식도 생략 가능합니다. 단, 조건식이 빠지면 무한루프가 형성됩니다. 다음은 문자열 뒤집기 함수에서의 for 문 사용의 예입니다. 한번 살펴보기 바랍니다.

```c
#include <string.h>

void reverse (char s[])
{

    int c,i,j;

    for (i=0,j=strlen(s) −1; i<j; i++,j−−)
    {

        c = s[i];

        s[i] = s[j];

        s[j] = c;

    }

}
```

Do~While 루프

가. 개요

앞에서 살펴본 while이나 for 문은 종료조건검사를 앞부분에서 합니다. 그러나 반복문을 구성하다보면 이러한 조건검사 방식이 적합하지 않은 경우가 있습니다. 즉 앞이 아닌 뒷부분에서 하는 것이 더 적합할 수 있습니다. 이를 위해서 만들어진 구문이 바로 Do~while 문입니다. 이런 Do~while 문은 종료조건을 마지막부분에서 검사하기 때문에 최소 한번은 수행된다는 특징이 있습니다. (만약 조건이 만족되지 않으면 한 번도 실행되지 않을 수 있다.)

그럼 Do~while 문의 형식을 보겠습니다.

나. 구조

```
do{
    문장
} while(수식);
```

위의 do~while 문을 보면 알 수 있듯이 문장이 실행되고 수식이 계산됩니다. 여기서 계산결과가 참이면 문장이 다시 수행되고 수식이 거짓이면 루프가 끝나게 됩니다. 이제 예제를 보겠습니다. 이 예제는 do~while 문의 특징이 잘 드러나 있는 예제입니다.

```c
#include<stdio.h>

int main(void)
{
    int age;
    do{
        printf("당신의 나이는 ? ");
        scanf("%d", &age);
    }
```

```
    while(age<1);

    switch(age/10)
    {
        case 0:
        printf("유소년이구나! \n");
        break;

        case 1:
        printf("10대군요. \n");
        break;

        case 2:
        printf("20대군요. \n' );
        break;

        case 3:
        printf("30대군요. \n' );
        break;

        case 4:
        printf("40대군요. \n' );
        break;

        case 5:
        printf("50대군요. \n' );
        break;

        case default:
        printf("어르신 ~ \n");
    }
    return 0;
}
```

실행결과는 다음과 같습니다.

당신의 나이는? -15

당신의 나이는? 0

당신의 나이는? 20

20대군요.

7.6 Break와 Continue

가. 개요

어떤 경우에는 루프의 도중에서 벗어나야 할 때가 있습니다. 이런 경우 쓰는 것이 break 문입니다. 이 break 문은 switch 문뿐만 아니라 for 문, while 문 등에서 루프를 벗어나는 역할을 합니다. 이 break 문은 가장 가까운 루프하나를 벗어납니다. 단, 중첩된 루프일 경우에는 한 번에 전체를 빠져나올 수 없습니다. 다음 예제를 보면서 알아보겠습니다. 다음은 공백과 탭 등을 제거하는 trim 함수입니다.

나. 구조

```
int trim(char [s])

{
    int n;

    for (n = strlen(s)-1; n >= 0; n--)
    {
        if (s[n] !=' ' && s[n] != '\t' && s[n] != '\n')
            break;
    }
    s[n+1] = '\0';

    return n;

}
```

continue 문은 break 문과 반대로 for, while 또는 do 루프에서 다음 반복을 수행하기 위해서 사용됩니다. 이 continue 문은 실행하던 반복문의 나머지 부분을 생략하고 프로그램의 흐름을 조건검사 부분으로 이동시킵니다. 즉 while

문이나 do 문의 비교부분이 다시 수행됨을 의미합니다. 다음 예제를 보겠습니다. 다음 예제는 양의 원소만 처리되고 음의 원소는 건너뛰는 것을 보여줍니다.

```
for (i =0; i < n; i++)
{

    if (a[i] < 0)

    continue;

    ...

}
```

7.7 Goto와 Label

가. 개요

goto는 c언어뿐 아니라 많은 언어에서 볼 수 있는 키워드이다. 그럼에도 불구하고 많은 개발자들은 사용하기를 꺼리고 사용하지 말라고 권고하고 있습니다. 물론 긍정적인 측면을 이야기 하는 전문가도 있습니다. 하지만 goto를 쓰게 되면 코드도 복잡해지며 c언어의 절차지향적인 특성이 무너지그로 장점보다 단점이 큽니다. 이런 goto를 작은 장점 때문에 쓸 필요는 없습니다. 하지만 쓰지 않더라도 알고는 있어야합니다(물론 사용하지 않는 습관을 우선적으로 들여야 한다).

goto 문은 말 그대로 go+to이며 기능도 말 그대로 특정위치로 이동시키는 기능을 합니다. 구성은 다음과 같습니다.

나. 구조

```
int main(void)
{
    ...
    goto rabbit;            /* rabbit 으로 가라 */
    ...
    puppy:                  /*  Label   */
    rabbit:                 /*  Label   */
    ...
    goto puppy;             /*   puppy 로 가라    */
    ...
}
```

위의 코드에서 rabbit과 puppy를 레이블이라 합니다(레이블을 의미하려면 콜론으로 표시합니다). 위 구성 중 goto rabbit;이라는 문장을 해석하면 '레이블 rabbit 으로 가서 계속 실행하라" 라는 의미가 됩니다. 이런 goto 문은 중첩된 루프를 벗어날 경우에 유용한데 그예는 다음과 같습니다.

```
for (…)

    for (…) {

    …

        if (disaster)

            goto error;

    }

    …

error :

clean up the mess
```

이 구조는 에러가 여러 곳에 걸쳐 발생할 때 유용합니다. 여기서 error를 레이블로 표시했습니다.

08 장

08

기초 문법 2

자료형 수

변수

상수

연산자

수식

8.1　변수

가. 개요

변수에 대해서 살펴볼 부분을 정리한 내용은 다음과 같습니다.

- 변수는 '선언' 합니다.

- 변수는 다음과 같은 형태로 선언합니다.
  (int val : val이라는 이름의 변수를 선언하며 이 변수는 int 형으로 데이터를 저장 및 참조해야 합니다.

- 변수와 상수명의 첫글자는 반드시 영문이며 대문자와 소문자는 구분됩니다.
  (int val2 (o) int 2val (x) / int val ≠ int VAL)

- int ,float ,if 같은 C언어 예약어는 변수명으로 사용 할 수 없습니다.
  (int if (x))

- 긴 문장에는 "_" 를 사용해서 알기 쉽게 만들어도 무방하다.
  ("_"도 문자로 취급한다. int count_num)

- 변수명에는 사용목적에 알맞은 이름을 붙이고 지역변수는 짧은 이름 외부변수에는 가능한 긴 이름을 권장합니다.

위의 6가지 중 밑에 2가지는 선택사항입니다. 하지만 가능한 다음과 같이 해주는 것이 좋습니다. 이제 본격으로 형부터 시작하겠습니다.

8.2 데이터 형과 크기

가. 개요

C언어에는 기본적인 데이터 형이 있습니다. 기본적인 데이터 형은 다음과 같습니다.

> - char : 한바이트 문자(8비트)
>
> - int : 정수(32비트)
>
> - float : 단정도(single-precision) 부동소수점(소수점이하 정밀도 6자리 이상)
>
> - double : 배정도(double-precision) 부동소수점(소수점이하 정밀도 10자리 이상)
>
> - char val,val2;/int val3,val4;

문자나 정수에는 부호형(signed) 또는 무부호형(unsigned) 이라는 한정사를 붙일 수 있습니다. 무부호형은 항상 0이상이며 미만으로 결정됩니다. 만약에 8비트 이면 0~255의 값을 갖습니다. 무부호형은 다음과 같습니다.

unsigned char	8비트	0 이상 255 이하
unsigned short	16비트	0 이상 65535 이하
unsigned int	32비트	0 이상 4,294,967,295 이하
unsigned long	32비트	0 이상 4,294,967,295 이하

unsigned를 빼고 signed를 붙이고 선언하면 부호형이 됩니다. 일반적은 signed int는 int와 같으므로 signed는 생략합니다. 부호형의 범위는 다음과 같습니다(참고만 하시길 바랍니다).

char	8비트	−128 이상 127 이하
short	16비트	−32768 이상 32767 이하
int	32비트	−2,147,483,648 이상 2,147,483,647 이하
long	32비트	−2,147,483,648 이상 2,147,483,647 이하

8.3 상수(정수형,실수형)

가. 개요

일단 상수에 대해서 간단히 알아보도록 하겠습니다. 상수는 변경이 가능한 변수와 달리 변경이 불가능한 수입니다. 상수에는 두 가지 종류가 있는데 바로 정수형 상수와 실수형 상수입니다. 정수형, 실수형 상수는 다음과 같습니다.

- 정수형 상수는 int 형으로 표현합니다.

- 실수형 상수는 double 형으로 표현합니다.

1234 같은 것이 정수형 상수 int이며 (int val=1234;) 3.14 같은 것이 실수형 상수입니다. 실수형으로 선언시 double 형으로 표현됩니다. 여기서 float 형을 쓰게 된다면 (float val2=3.14;)라고 쓰면 3.14는 double 형이 됩니다. 이렇게 쓰면 데이터가 잘려 나갈 수도 있습니다. 이것을 방지하기 위해 상수 뒤에 접미사를 붙여서 해결할 수 있습니다.

```
float val2=3.14f
```

정수값은 8진수나 16진수로 표기할 수 있습니다. 표기 방법은 다음과 같습니다.

- 8진수 : 0이 앞에 나온다.
  ex) 10진수 : 31 => 8진수 : 037

- 16진수 : 0x 혹은 0X가 앞에 나온다.
  ex) 10진수 : 31 => 16진수 : 0x1f

8.4 상수(문자형)

가. 개요

상수에는 정수형, 실수형 상수 외 문자 상수가 있습니다. 문자 상수는 ' '(작은 따옴표) 안에 하나의 문자로 나타내며 정수 값을 가지게 됩니다. 밑에 ASCII 코드표를 보면 알 수 있듯이 'A'는 41이라는 값을 갖게 됩니다. 숫자 연산도 물론 할 수 있습니다.

2진법	팔진법	십진법	십육진법	모양	2진법	팔진법	십진법	십육진법	모양	2진법	팔진법	십진법	십육진법	모양
010 0000	040	32	20	SP	100 0000	100	64	40	@	110 0000	140	96	60	`
010 0001	041	33	21	!	100 0001	101	65	41	A	110 0001	141	97	61	a
010 0010	042	34	22	"	100 0010	102	66	42	B	110 0010	142	98	62	b
010 0011	043	35	23	#	100 0011	103	67	43	C	110 0011	143	99	63	c
010 0100	044	36	24	$	100 0100	104	68	44	D	110 0100	144	100	64	d
010 0101	045	37	25	%	100 0101	105	69	45	E	110 0101	145	101	65	e
010 0110	046	38	26	&	100 0110	106	70	46	F	110 0110	146	102	66	f
010 0111	047	39	27	'	100 0111	107	71	47	G	110 0111	147	103	67	g
010 1000	050	40	28	(	100 1000	110	72	48	H	110 1000	150	104	68	h
010 1001	051	41	29	)	100 1001	111	73	49	I	110 1001	151	105	69	i
010 1010	052	42	2A	*	100 1010	112	74	4A	J	110 1010	152	106	6A	j
010 1011	053	43	2B	+	100 1011	113	75	4B	K	110 1011	153	107	6B	k
010 1100	054	44	2C	,	100 1100	114	76	4C	L	110 1100	154	108	6C	l
010 1101	055	45	2D	-	100 1101	115	77	4D	M	110 1101	155	109	6D	m
010 1110	056	46	2E	.	100 1110	116	78	4E	N	110 1110	156	110	6E	n
010 1111	057	47	2F	/	100 1111	117	79	4F	O	110 1111	157	111	6F	o
011 0000	060	48	30	0	101 0000	120	80	50	P	111 0000	160	112	70	p
011 0001	061	49	31	1	101 0001	121	81	51	Q	111 0001	161	113	71	q
011 0010	062	50	32	2	101 0010	122	82	52	R	111 0010	162	114	72	r
011 0011	063	51	33	3	101 0011	123	83	53	S	111 0011	163	115	73	s
011 0100	064	52	34	4	101 0100	124	84	54	T	111 0100	164	116	74	t
011 0101	065	53	35	5	101 0101	125	85	55	U	111 0101	165	117	75	u
011 0110	066	54	36	6	101 0110	126	86	56	V	111 0110	166	118	76	v
011 0111	067	55	37	7	101 0111	127	87	57	W	111 0111	167	119	77	w
011 1000	070	56	38	8	101 1000	130	88	58	X	111 1000	170	120	78	x
011 1001	071	57	39	9	101 1001	131	89	59	Y	111 1001	171	121	79	y
011 1010	072	58	3A	:	101 1010	132	90	5A	Z	111 1010	172	122	7A	z
011 1011	073	59	3B	;	101 1011	133	91	5B	[	111 1011	173	123	7B	{
011 1100	074	60	3C	<	101 1100	134	92	5C	₩	111 1100	174	124	7C	|
011 1101	075	61	3D	=	101 1101	135	93	5D	]	111 1101	175	125	7D	}
011 1110	076	62	3E	>	101 1110	136	94	5E	^	111 1110	176	126	7E	~
011 1111	077	63	3F	?	101 1111	137	95	5F	_					

상수에는 하나의 문자만을 나타내는 문자 상수 외 문자열을 나타내는 문자열 상수(string contant)가 있습니다. 문자열 상수는 다음과 같이 " "(큰따옴표)를 붙여서 사용합니다.

- "Hello,World" /* " " 큰 따옴표는 문자열에 포함되지 않습니다

- "Hello", "World" /* 문자열 상수 연결 , 출력값 : Hello, World

이러한 문자열 상수를 쓸 때 주의할 점이 있습니다. 일단 문자열 상수는 문자의 배열입니다. (C언어-배열 참조) 문자 배열은 그 끝에 '\0'을 가지고 있습니다. 그래서 문자열 상수에서는 따옴표 안에 문자수보다 한 개가 더 필요하게 됩니다. "Hello"라는 문자열이 있다면 다음과 같이 됩니다.

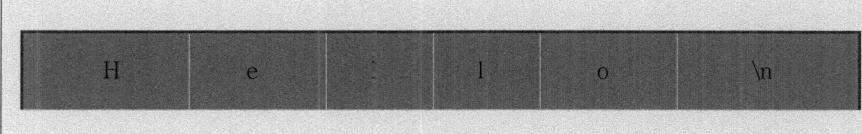

| H | e | l | l | o | \n |

보면 알 수 있듯이 실제로 필요한 기억장소는 '\0' 을 포함한 갯수가 됩니다.

'h'라는 문자 상수와 "h" 문자열 상수가 구분되어서 사용된다는 말입니다. 'h'는 h를 나타내는 정수이고 "h"는 배열로 표현되며 h와 '\0'으로 이루어져있습니다. 이점을 구분해서 사용해야합니다.

나. 상수의 열거(참고)

상수에는 열거라는 형식이 있습니다. 열거는 다음과 같은 형태입니다.

```
enum 상수명 {값1,값2 …};
```

열거는 정수형 상수를 열거한 것입니다. 열거의 값을 지정하지 않으면 값 1은 0 값 2는 1의 값을 얻고 그 뒤에 수도 차례대로 값을 얻게 됩니다. 만약 다음과 같이 값이 지정되 있으면 다음 값은 그 값을 기준으로 바뀌게 됩니다.

```
enum alp {A =1,B,C,D,E,F,G,H,I,J,K};

/* A=1 , B=2 , C=3 , D=4 ,E=5 ············· J=10 , K=11 */
```

열거의 상수명은 무조건 달라야 됩니다. 하지만 값은 같아도 됩니다.

8.5 선언문

가. 개요

변수들은 사용되기 전에 선언되어야 합니다. 이런 변수들은 선언하는 것이 선언문입니다. 선언문을 통해 선언할 때 형을 지정하고 변수이름을 나열해 선언합니다.

```
int num,sum,i;

char s[100];
```

위의 리스트 형식은 다음과 같이 쓸 수도 있습니다.

```
int sum;

int num;

int i;

char s[100];
```

사용하기 편한것을 사용하시면 됩니다.

변수는 다음과 같이 초기값을 지정하며 선언할 수 있습니다. 다음과 같이 등호와 수식이 붙으면 초기화 하는 역할을 합니다.

```
char i = ' \ \ ' ;

int num = 0;

int sum = MAXLINE +1;
```

변수는 프로그램이 시작 전에 한번 실행됩니다. 초기화는 상수의 수식이어야
합니다. (지역변수는 시작 전에 초기화 되지 않습니다. 초기화 되는 지역변수
는 함수나 블록에 처음 들어갈 때 초기화 됩니다. 초기화 되지 않는 지역변수
는 정의되지 않습니다.) 만약 따로 지정되지 않은 외부변수는 정적변수로 초기
화되면 0으로 초기화됩니다.

만약 변수값이 변하는 것을 원치 않는다면 const라는 한정사를 사용하면 됩니
다.

```
const 데이터형 변수명 = 변수값

const duble s = 3.141592;

const char s[] = "Hello";
```

8.6 산술 연산자

가. 개요

이제 연산자에 대해서 알아보도록 하겠습니다. 먼저 산술 연산자부터 알아보도록 하겠습니다.

산술 연산자의 종류는 다음과 같습니다.

```
+ . - . * . / . % (나머지 연산자)
```

몇가지 예를 들며 주의할 점을 알아보겠습니다. 먼저 다음의 표현의 결과를 예측해보겠습니다.

```
5/9
```

일반적인 계산기로 연산한 결과 0.5556이 나오게 됩니다. 하지만 C언어에서의 위의 연산을 계산하게 되면 0이라는 결과가 나오게 됩니다. 0이라는 결과값이 나오게 되는 이유는 C언어의 연산 특징과 관련이 있습니다. 그 특징은 다음과 같습니다.

> C언어는 정수와 정수사이에 연산값은 정수값만을 출력하게 됩니다.
>
> C언어는 실수와 실수사이에 연산값은 실수값만을 출력하게 됩니다.

위의 특징으로 인해서 5라는 정수와 9라는 정수의 연산값은 0.5556이라는 실수값을 출력하지 못하고 0이라는 정수값을 출력하게 됩니다. 만약 실수값을 얻고 싶다면 실수와 실수로 연산을 다음과 같이 해주시면 됩니다.

```
5.0/9.0
```

이제 사칙연산과 다르게 약간 생소하실 수 있는 % 나머지 연산자에 대해서 알아보도록 하겠습니다. % 연산자는 나머지를 나타내는 연산자 입니다. 다음과 같은 형태이며 X를 Y로 나눈값의 나머지를 출력하게 됩니다.

```
X % Y
```

예를 들어서 20%5와 17%5 를 연산해 보겠습니다. 20%5는 나누어떨어지므로 0이라는 결과값이 출력됩니다. 그러나 17%5 는 나머지가 2가 되므로 2가 출력이 됩니다(참조: 나누어떨어진다).

```
20%5 = 0
5×4+0 = 20
17%5 = 2
5×3+2 = 17
```

이 나머지 연산자는 float나 double에 적용되지 않고 음수에도 적용되지 않습니다. 나머지 연산 사용시 이점주의 하시기 바랍니다.

이런점 외에 몇가지 주의점이 더 있지만 지금은 이정도만 알아보고 이제 관계 연산자와 논리 연산자로 넘어가겠습니다.

8.7 관계 연산자

가. 개요

관계 연산자에 대해서 알아보도록 하겠습니다. 일단 관계 연산자의 종류는 다음과 같습니다.

```
> ,  >= ,  < ,  <= ,  == ,  !=
```

위의 연산자들에 대해서 간단히 알아보면 다음과 같습니다.

연산자	연산자의 기능		결합방향	우선순위
>	n1 >n2	n1이 n2보다 큰가		
>=	n1 >= n2	n1이 n2보다 같거나 큰가		
<	n1 <n2	n1이 n2보다 작은가	→	모두 같음 (산술연산자 보다 낮음)
<=	n1 <= n2	n1이 n2보다 같거나 작은가		
==	n1 == n2	n1이 n2와 같은가		
!=	n1 != n2	n1이 n2와 다른가		

관계 연산자는 크기 및 동등관계를 따지는 연산자입니다. 비교하는 기능이므로 '비교 연산자'라고도 부릅니다. 관계 연산자들은 참이면 1, 거짓이면 0을 연산 결과로 내놓습니다. 다음 코드를 통해 확인해 보겠습니다.

```
        #include <stdio.h>

    int main(void)
    {
        int n1 = 10;
        int n2 = 12;
        int result1,result2; result1 = (n1 == n2);
        result2 = (n1 <= n2);

        printf("n1이n2와 같은가? %d\n",result1);
        printf("n1이n2보다 같거나 작은가? %d\n",result2);

        return0;
    }
```

출력결과는 다음과 같습니다.

```
n1이n2와같은가? 0
n1이n2보다같거나작은가? 1
```

관계 연산자는 산술 연산자보다 우선순위가 낮습니다. 만약 다음과 같은 식은
우선순위로 인해 i < (lim -1)이 됩니다.

```
i < lim -1
↓
i < (lim -1)
```

우선순위에 대해서는 글 뒤에서 배우게 되지만 여기서는 위의 표에 우선순위가
무엇을 말하는지에 대한 간단한 설명입니다.

8.8 논리 연산자

가. 개요

논리 연산자도 관계연산자와 같이 참과 거짓을 따지는 연산자이며 다음으로 구성되어 있습니다.

```
&& (AND)   || (OR)   ! (NOT)
```

논리 연산자의 기능은 다음과 같습니다.

연산자		연산자의 기능	결합방향
&&	A && B	A와 B 모두 참이면 결과 참	→
||	A || B	A와 B 둘 중 하나라도 참이면 결과 참	→
!	!A	연산결과 A가 참이면 거짓 A가 거짓이면 참	←

이 논리연산자들은 참·거짓이 판정되면 검사를 마치게 됩니다. 다음 문장을 예로 들어 보겠습니다(getline 함수 문자를 읽어 들이는 함수의 일부분).

```
for(i = 0; i<lim-1 && (c=getchar()) !=EOF && c!='\n'; ++i)
    s[i] = c;
```

위문장에 쓰인 && 연산자는 결합방향이 → 이므로 i < lim-1 에 대한 검사가 참이 아니면 문자를 읽어서는 안되며 getchar를 호출하기 전에 EOF를 검사해도 안됩니다. 예제를 통해서 논리 연산자에 대해서 더 알아보겠습니다.

08

```c
#include <stdio.h>

int main(void)
{

int n1 = 10;

int n2 = 12;

int r1,r2,r3;

r1 = (n1==10 && n2==12);

r2 = (n1<=12 || n2>=12);

r3 = !n1;

printf("r1 : %d\n",r1);

printf("r2 : %d\n",r2);

printf("r3 : %d\n",r3);

return0;

}
```

결과값은 다음과 같습니다.

```
r1 : 1
r2 : 1
r3 : 1
```

관계연산자와 마찬가지로 참이면 1 거짓이면 0을 반환합니다. 예제는 모두 참
이므로 1을 반환했습니다. 예제를 통해 쉽게 이해할 수 있습니다.

증가 연산자와 감소 연산자

가. 개요

증가 연산자와 감소 연산자는 말 그대로 변수의 값을 증가시키거나 감소시키는 연산자입니다. 일반적으로 증가연산자 ++는 1을 증가시키고 감소연산자 --는 1을 감소시킵니다. 변수를 증가시킬 때는 다음과 같이 증가연산자를 사용합니다.

```
++nl;
```

증가 연산자에서 주목할 것은 증가 연산자나 감소 연산자를 변수 앞에나 두에 모두 사용할 수 있다는 것입니다. 예제를 통해서 알아보겠습니다. 예제는 다음과 같습니다.

08

```
#include <stdio.h>                           /* ++num --num    =/

int main(void)
{
        int num = 7;
        int num2,num3;
        num2 = ++num1;
        num3 = --num1;

        printf("num1 : %d\n',num1);
        printf("num2 : %d\n',num2);
        printf("num3 : %d\n',num3);

        return0;
}
```

결과값은 다음과 같습니다.

```
num1 : 7
num2 : 8
num3 : 7
```

```c
    #include <stdio.h>                          /* num++ num--    */

    int main(void)
    {
            int num = 7;
            int num2,num3;
            num2 = num1++;
            num3 = num1--;

            printf("num1 : %d\n",num1);
            printf("num2 : %d\n",num2);
            printf("num3 : %d\n",num3);

            return0;
    }
```

```
num1 : 7
num2 : 7
num3 : 8
```

예제를 보면 쉽게 알 수 있지만 보충 설명을 하면 다음과 같습니다.

++num 은 num이 사용 전에 증가하고 num++는 사용 후에 증가시킵니다.

이런 증가 연산자는 오직 변수에만 사용가능하며 (i+j)++와 같은 수식에는 증
가, 감소 연산자를 사용할 수 없습니다. 다음과 같이 어디에나 붙여도 결과값
이 같은 것이 있습니다.

```
if(c == '\n')

nl ++;
```

하지만 증가 연산자를 앞, 뒤 위치를 신경 써서 붙여야 하는 경우도 있습니다.
다음 예를 통해 알아보겠습니다. 다음 예는 문자열 s 중 문자c를 제거하는 함
수인 squeeze(s, c)입니다.

```
void squeeze(char s[],int c)
{
        int i,j;

        for (i=j=0 ; s[i] != '\0'; i++)
        if (s[i] != c)  s[j++] = s[i];

        s[j] = '\0';
}
```

일단 이해하기 위해서 프로그램에 흐름을 알아야 됩니다. 이 프로그램은 C가
아닌 문자가 나타날 때마다 현재의 j위치로 복사되고 다음문자를 확인하기 위
해 j가 증가됩니다, 이 프로그램의 부분을 다음과 같이 바꿀 수 있습니다.

```
    if (s[i] != c){
        s[j] = s[i];
        j++;
    }
```

위의 코드는 다음과 같이 바꿀 수 있습니다.

```
    if ( c== '\n')
        s[i++] = c;
```

위 부분을 한 번에 이해하기 쉽진 않으나 몇 번 읽으면 충분히 이해하실 수 있
습니다.

8.10 비트 연산자

가. 개요

C언어에는 6개의 비트 연산자가 있습니다. 비트 연산자는 비트 단위로 연산을 진행하는 연산자이며 피연산자는 반드시 정수이어야 합니다. 일단 비트 연산자의 종류 및 기능에 대해서 알아보겠습니다.

연산자	연산자의 기능	결합방향
&	비트 단위로 AND 연산을 한다.	→
|	비트 단위로 OR 연산을 한다.	→
^	비트 단위로 XOR 연산을 한다.	→
<<	피연산자의 비트열을 왼쪽으로 이동시킨다.	→
>>	피연산자의 비트열을 오른쪽으로 이동시킨다.	→
~	단항 연산자로써 피연산자의 모든 비트를 반전시킨다.	←

각 연산들에 대해서 하나씩 알아보도록 하겠습니다. 먼저 &(비트방식 AND)연산자를 살펴보겠습니다. 이 연산자는 비트의 형을 뜨기 위해 사용됩니다. AND 연산자의 진리표는 다음과 같습니다.

A	B	A&B
1	1	1
1	0	0
0	1	0
0	0	0

예제를 통해 비트연산 방식에 대해서 확인해보겠습니다.

```c
#include <stdio.h>

int main(void)
{
    int n1 = 15;          /* 00000000 00000000 00000000 00001111 */
    int n2 = 20;          /* 00000000 00000000 00000000 00010100 */
    int result = n1&n2;  /* 00000000 00000000 00000000 00000100 */

    printf("n1 = %d\n",n1);
    printf("n2 = %d\n",n2);
    printf("result = %d\n",result);

    return0;
}
```

```
n1 = 15
n2 = 20
result = 4
```

결과값을 보면 알 수 있듯이 피연산자는 변하지 않습니다. 이 연산자는 다음과 같은 형식으로 사용해서 n의 하위 비트 이외의 것을 0으로 만드는데 사용하기도 합니다.

```
n = n & 0177;
```

다음으로 비트방식 OR 연산자인 |에 대해서 알아보도록 하겠습니다. OR 연산자는 비트 중 하나라도 참(1)이면 1을 반환합니다. 진리표는 다음과 같습니다.

A	B	A|B
1	1	1
1	0	1
0	1	1
0	0	0

예제를 통해 알아보겠습니다.

```c
#include <stdio.h>

int main(void)
{
    int n1 = 17;          /* 00000000 00000000 00000000 00010001 */
    int n2 = 14;          /* 00000000 00000000 00000000 00001110 */
    int result = n1|n2;   /* 00000000 00000000 00000000 00011111 */

    printf("n1 = %d\n",n1);
    printf("n2 = %d\n",n2);
    printf("result = %d\n",result);

    return0;
}
```

```
n1 = 17
n2 = 14
result = 31
```

OR 연산자는 다음 처럼 비트를 1로 세트시키는데 사용됩니다.

```
X = X | SET_ON ;
```

이제 비트방식 XOR 연산자인 ^에 대해서 알아보도록 하겠습니다. ^연산자는
비트값이 서로 다르면 1을 반환 하는 연산자 입니다. XOR 진리표는 다음과 같
습니다.

A	B	A^B
1	1	0
1	0	1
0	1	1
0	0	0

예제를 통해서 XOR 연산을 알아보겠습니다.

```c
#include <stdio.h>

int main(void)
{
    int n1 = 17;          /* 00000000 00000000 00000000 00010001 */
    int n2 = 15;          /* 00000000 00000000 00000000 00001111 */
    int result = n1^n2;   /* 00000000 00000000 00000000 00011110 */

    printf("n1 = %d\n",n1);
    printf("n2 = %d\n",n2);
    printf("result = %d\n",result);

    return 0;
}
```

```
n1 = 17
n2 = 14
result = 30
```

다음으로 이동연산자 <<와 >>에 대해서 알아보겠습니다. 먼저 << (좌측이동) 연산자에 대해서 알아보겠습니다. << 연산자는 다른 연산자와 마찬가지로 두개의 연산자를 필요로 하며, 피연산자는 모두 정수여야 합니다. 이연산자는 다음과 같은 형식으로 사용합니다.

```
int C = A<<B ;
```

이것은 "A의 비트열을 B의 크기 만큼 좌측으로 이동시켜 C에 저장하라 !" 라는 의미입니다. 예제를 통해 알아보겠습니다.

```
        #include <stdio.h>

        int main(void)
        {
            int n=1;            /* 00000000 00000000 00000000 00000001 */
            int r1=n<<1;        /* 00000000 00000000 00000000 00000010 */
            int r2=n<<2;        /* 00000000 00000000 00000000 00000100 */
            int r3=n<<3;        /* 00000000 00000000 00000000 00001000 */
            int r4=n<<4;        /* 00000000 00000000 00000000 00010000 */

            printf("r1 = %d\n",r1);
            printf("r2 = %d\n",r2);
            printf("r3 = %d\n",r3);
            printf("r4 = %d\n",r4);

            return 0;
        }
```

```
r1 = 2
r2 = 4
r3 = 8
r4 = 16
```

위의 결과를 보면 알 수 있듯이 n<<3 은 우측으로 3칸 이동시키고 빈틈을 0으
로 채웁니다. 결과로 보면 2에 3승을 곱한 것과 같습니다.

다음으로 우측이동 >>에 대해서 알아보도록 하겠습니다. 이 연산자도 int C =
A>>B;와 같이 구성되며 "A의 비트열을 B 크기 만큼 오른쪽으로 이동하라"라는
의미가 됩니다. 예제를 통해서 알아보겠습니다.

```c
#include <stdio.h>

int main(void)

{
    int n=16;        /* 00000000 00000000 00000000 00010000 */
    int r1=n>>1;     /* 00000000 00000000 00000000 00001000 */
    int r2=n>>2;     /* 00000000 00000000 00000000 00000100 */
    int r3=n>>3;     /* 00000000 00000000 00000000 00000010 */
    int r4=n>>4;     /* 00000000 00000000 00000000 00000001 */

    printf("r1 = %d\n",r1);
    printf("r2 = %d\n",r2);
    printf("r3 = %d\n",r3);
    printf("r4 = %d\n",r4);

    return 0;
}
```

```
r1 = 8
r2 = 4
r3 = 2
r4 = 1
```

>> 연산자는 한칸 이동함으로써 2로 나누는 효과를 얻는 사실에 주목해야 합니다.

마지막으로 단일 연산자 ~에 대해서 알아보도록 하겠습니다. 이연산자는 1을0으로 0을1로 반환합니다. 예제를 통해서 알아보겠습니다.

```
#include <stdio.h>

int main(void)
{
    int n1 = -1    ;    /* 11111111 11111111 11111111 11111111 */
    int n2 = 0     ;    /* 00000000 00000000 00000000 00000000 */
    int result1 = ~n1; /* 00000000 00000000 00000000 00000000 */
    int result2 = ~n2; /* 11111111 11111111 11111111 11111111 */

    printf("result1 = %d\n",result1);
    printf("result2 = %d\n",result2);

    return 0;
}
```

위 예제를 통해알수 있는 내용을 정리하면 다음과 같습니다.

- 가장왼쪽에 있는 부호 비트로 반전시킨다.

- 피연산자가 양수일시 음수를 반환한다.

- 피연산자가 음수일시 양수나 0을 반환한다.

이러한 비트 연산자는 설정한 정보가 많은 상황에서 비트 연산자를 활용한 비트 마스크로 사용됩니다.

8.11 지정 연산자와 수식

가. 개요

수식의 예를 통해서 지정연산자를 알아보겠습니다. 다음 수식을 보겠습니다.

```
i = i + 2
```

이 수식의 우변의 변수는 좌측에 중복 사용됩니다. 이를 다음과 같이 사용할 수 있습니다.

```
i += 2
```

여기서 사용되는 +=는 지정 연산자라 부릅니다. 대부분의 이원 연산자 (좌측과 우측에 오퍼랜드를 갖는 연산자)에는 그것에 해당하는 지정 연산자가 있습니다. 지정 연산자는 다음 중 하나가 됩니다.

```
+ - * / % << >> & ^ |
```

만약 expr1 op=expr2라는 수식이 있다면 이수식은 expr1=(expr1) op (expr2)와 같습니다. 예를 들면 다음과 같습니다.

```
x *= y+1   이 수식은 다음 수식과 같습니다.   x = (x) * (y+1)
```

8.12 조건 연산자

가. 개요

일단 다음 문장을 보도록 하겠습니다.

```
if (a>b)
    z = a;
else□□
    z = b;
```

이 문장은 a, b를 비교해 z에 큰 값을 저장합니다. 이를 삼항 연산자(ternary operator) "?:" 를 통해서 표현할 수 있습니다. 삼항 연산자는 다음과 같은 형태로 쓰여집니다.

```
expr1 ? expr2 : expr3;
```

위수식의 의미는 다음과 같습니다.

"expr1이 참이면 expr2의 값이 계산되고 그렇지 않으면 expr3의 값이 계산되고 그 값이 조건문이 된다."

위의 문장을 삼항 연산자로 표현하면 다음과 같습니다.

```
z = (a>b) ? a:b;
```

삼항 연산자로 표현된 다른 문장을 보겠습니다.

```
x= (y>0) ? fct1(5) : fct2(7);
```

이문장의 의미는 다음과 같습니다.

"y가 0보다 크면 fct1 함수, 크지 않으면 fct2 함수호출, 반환값은 x 에저장"

이 삼항 연산자는 잘 사용하지는 않지만 적절히 사용한다면 if~else 문을 쓰는 것보다 훨씬 좋은 방법이 될 수 있습니다.

08

8.13 우선순위와 계산순서

가. 개요

연산식 안에 여러 가지의 수식이 있을 때 계산순서를 결정하는 것이 우선순위와 결합방향입니다. 이 부분에서는 우선순위와 결합방향에 대해서 알아봅니다. 간단한 수식으로 결합방향과 우선순위에 대해서 알아보도록 하겠습니다.

$$5-1-3\times2$$

위의 수식의 계산과정은 다음과 같습니다.

$$\checkmark\ 5 - 1 - 6$$

$$\checkmark\ 4 - 6$$

초등학교 수학에서 나올법한 식으로 알아본 우선순위는 다음과 같습니다.

- 덧셈, 뺄셈보다 곱셈을 먼저한다.

- 연산은 왼쪽에서 오른쪽으로 순서대로 한다.

이제 우선순위와 결합방향이 무엇인지 알았으니 각 연산자들의 우선순위와 결합 방향을 알아보겠습니다.

-연산자 우선순위는 다음 위키백과를 참조해주시기 바랍니다.

만약 if ((x&MASK) == 0)이라는 문장이 있으면 원하는 값을 얻기 위해서는 괄호를 반드시 써야합니다. 만약 괄호를 제거한다면 우선순위에 의해 원하는 값을 얻을 수 없습니다. 또 x=f()+g() ;와 같은 수식은 f가 먼저 계산될 수도 있고 아닐 수도 있습니다. 그래서 f나 g가 변수를 변화시키는 경우 계산 순서

에 따라 x값이 달라질 수 있습니다. 이외에 함수에서의 계산순서도 주의하야
합니다. 다음 문장을 보시겠습니다.

```
printf("%d%d\n", ++n, power(2,n));
```

위 문장의 ++n의 증가 시점은 컴파일러마다 다를 수 있으므로 다음과 같이 쓰
는 것이 좋습니다.

```
++n;

printf("%d%d\n", n, power(2,n));
```

앞에서 살펴본 듯이 약간의 차이로 계산의 결과가 달라질 수 있습니다. 따라서
괄호를 잘 활용하고, 우선순위를 잘 활용해야 합니다.

개정판
Fno 기반 아두이노 실습

저자 / 김우성, 박근덕, 최효선
발행인 / 이 병 덕
발행처 / 도서출판 정 일
등록날짜 / 1989년 8월 25일
등록번호 / 제 3−261호
주소 / 경기도 파주시 한빛로 11 309−1704
전화 / 031)946−9152
팩스 / 031)946−9153

정가 / **25,000원**